Organizações e desenvolvimento sustentável

COLEÇÃO GESTÃO EMPRESARIAL

Organizações e desenvolvimento sustentável

Adriano Stadler
Marcos Rogério Maioli

Gestão Empresarial

EDITORA
intersaberes

EDITORA intersaberes

Rua Clara Vendramin, 58 . Mossunguê
CEP 81200-170 . Curitiba . PR . Brasil
Fone: (41) 2106-4170
www.intersaberes.com
editora@editoraintersaberes.com.br

Conselho editorial
Dr. Ivo José Both (presidente)
Dr.ª Elena Godoy
Dr. Nelson Luís Dias
Dr. Neri dos Santos
Dr. Ulf Gregor Baranow

Editor-chefe
Lindsay Azambuja

Editor-assistente
Ariadne Nunes Wenger

Editor de arte
Raphael Bernadelli

Preparação de originais
Monique Gonçalves

Iconografia
Danielle Scholtz

Capa
Sílvio Spannenberg

Projeto gráfico
Roberto Querido

1ª edição, 2012.
Foi feito o depósito legal.

Informamos que é de inteira responsabilidade dos autores a emissão de conceitos.

Nenhuma parte desta publicação poderá ser reproduzida por qualquer meio ou forma sem a prévia autorização da Editora InterSaberes.

A violação dos direitos autorais é crime estabelecido na Lei nº 9.610/1998 e punido pelo art. 184 do Código Penal.

Dados Internacionais de Catalogação na Publicação (CIP)
(Câmara Brasileira do Livro, SP, Brasil)

Stadler, Adriano
    Organizações e desenvolvimento sustentável/Adriano Stadler, Marcos Rogério Maioli. – Curitiba: InterSaberes, 2012. (Coleção Gestão Empresarial; v. 1).

    Bibliografia.
    ISBN 978-85-8212-092-7

    1.Administração de empresas 2. Desenvolvimento sustentável 3. Empresas – Responsabilidade ambiental 4. Empresas – Responsabilidade social 5. Organizações – Administração I. Maioli, Marcos Rogério II. Título III. Série.

12-07696   CDD-658.421

Índices para catálogo sistemático:
1. Sustentabilidade empresarial:
    Administração de empresas 658.421
2. Sustentabilidade nas organizações:
    Administração de empresas 658.421

Sumário

- Apresentação, 7
- Como aproveitar ao máximo este livro, 9

Primeira parte – Gestão empresarial, 11
Adriano Stadler

1. A evolução do pensamento administrativo, 15
2. Fundamentos da gestão organizacional, 29
3. Planejar e gerenciar: o *Balanced Scorecard*, 48
4. Perspectiva do cliente, 58
5. Perspectiva de aprendizado e de crescimento, 73
6. A administração de empresas e o elemento humano, 81

- Indicações culturais, 87
- Bibliografia comentada, 87
- Síntese, 89
- Referências, 91

Segunda parte – Organizações e desenvolvimento sustentável, 93
Marcos Rogério Maioli

1. Desenvolvimento sustentável, 96
2. Resultados da Rio-92, ecocídio e problemas ambientais, 109
3. Políticas públicas, índices, técnicas e instrumentos de gestão do desenvolvimento sustentável, 124
4. Teorias, *stakeholders* e formas de mensurar indicadores de sustentabilidade nas organizações, 138

5. Normatizações e certificações das organizações, 153
6. Investimentos em responsabilidade e índices de sustentabilidade organizacional, 162

- Indicações culturais, 169
- Bibliografia comentada, 170
- Síntese, 171
- Referências, 173

- Considerações finais, 175

Apresentação

As organizações evoluem em virtude das pressões que sofrem por parte de seus ambientes externo e interno, de modo especial das influências tecnológicas, políticas, legais, ecológicas, do comportamento do consumidor, entre outras que fazem com que precisem se adaptar a novas realidades com agilidade, caso contrário correm o risco de perder competitividade em relação às demais organizações no mercado no qual operam.

Dessa forma, neste livro apresentamos a evolução do pensamento administrativo e algumas das teorias que fundamentam a gestão empresarial, relevantes para que as organizações consigam atuar em consonância com as exigências do mercado, em termos de sustentabilidade econômico-financeira, e da sociedade, com relação à sustentabilidade ambiental e social da organização, visto que essa díade (sustentabilidade econômica-financeira e sustentabilidade ambiental) revela os rumos para as organizações atuarem com alto desempenho e, com isso, cumprirem seus objetivos presentes e futuros.

Em virtude disso, a evolução da ciência da administração deve ser conhecida por nós. Pensadores como Taylor e Fayol foram considerados os pioneiros da administração e ainda são referenciados como os precursores das técnicas modernas de gestão, como o *Balanced Scorecard* (BSC), uma poderosa ferramenta de gestão empresarial que conheceremos mais profundamente na primeira parte deste livro.

O desenvolvimento sustentável surge nesse cenário como uma necessidade imposta às organizações pela sociedade, indicando a preocupação por parte das empresas quanto ao futuro de todos.

Prova disso é que as empresas são orientadas a atuar de forma mais relevante no mercado. Além disso, demandas que necessariamente não possuem afinidade com o negócio-fim da empresa são cobradas por consumidores cada vez mais conscientes do seu poder de barganha e de pressão sobre as organizações, obrigando as corporações a reagirem de forma benéfica e transparente para com todos os interessados em sua forma de atuação no mercado.

Esse contexto nos mostra que as empresas precisam elaborar estratégias para que o desenvolvimento sustentável seja uma filosofia de trabalho, um valor intrínseco ao pensamento, ao planejamento e à gestão das organizações públicas, privadas ou do terceiro setor.

Da mesma forma, é possível utilizar positivamente a questão ambiental e social para que as organizações melhorem sua imagem diante de seu público, posicionem-se estrategicamente em face de seus mercados e, principalmente, busquem a sustentabilidade econômica e a perenidade do negócio.

Percebemos que os gestores precisam conhecer as técnicas elementares de gestão para que, com isso, passem a se apropriar de ferramentas de gerenciamento mais complexas, criando uma identidade de organização sustentável, correta e transparente e, dessa forma, as responsabilidades para com todos os envolvidos e interessados em todas as suas ações.

A partir desse cenário, veremos nos capítulos desta obra a junção da gestão empresarial com conceitos e práticas de sustentabilidade. Para isso, este livro está dividido em duas partes: a primeira aborda os conceitos fundamentais da gestão empresarial nas organizações, na qual inicialmente abordamos o histórico da administração, os fundamentos da gestão organizacional (planejar e gerenciar), o BSC, com suas perspectivas financeiras, de gestão de clientes, dos processos internos, de pessoas e de aprendizado. Essa parte encerra-se com a abordagem da importância do elemento humano nas organizações, das teorias da motivação e de gestão de pessoas.

Na segunda parte deste estudo, conheceremos os conceitos fundamentais relacionados à gestão empresarial com foco no desenvolvimento sustentável, os problemas ambientais e as decorrências da Conferência Rio-92. Também abordaremos as principais políticas públicas e os instrumentos de gestão baseada na sustentabilidade, bem como a teoria dos *stakeholders* e dos indicadores de sustentabilidade nas organizações. Na sequência, trataremos das normatizações e das certificações ambientais, bem como dos investimentos e dos impactos para a imagem das empresas e os índices de sustentabilidade empresarial.

Com este livro almejamos que os conhecimentos aqui apresentados, mesmo que de forma resumida e sintética, possam melhorar o planejamento e a gestão das modernas organizações, e assim, contribuir para uma sociedade mais humana, justa e sustentável.

Como aproveitar ao máximo este livro

Este livro traz alguns recursos que visam enriquecer o seu aprendizado, facilitar a compreensão dos conteúdos e tornar a leitura mais dinâmica. São ferramentas projetadas de acordo com a natureza dos temas que vamos examinar. Veja a seguir como esses recursos se encontram distribuídos no projeto gráfico da obra.

Indicações culturais

Filme

BEE MOVIE. Direção: Steve Hickner e Simon J. Smith. Estados Unidos: Paramount, 2007. 90 min.

O filme é um desenho animado que conta a história das abelhas desde seu nascimento até a morte. Barry é uma abelha recém-formada que não se conforma em seguir os mesmos padrões seguidos por todas as gerações e decide tentar fazer algo que, aos olhos dos outros, seria impossível.

Ao final das duas partes os autores oferecem algumas indicações de livros, filmes ou *sites* que podem ajudá-lo a refletir sobre os conteúdos estudados e permitir o aprofundamento em seu processo de aprendizagem.

Bibliografia comentada

DORNELAS, J. C. A. Empreendedorismo na prática: mitos e verdades do empreendedor de sucesso. Rio de Janeiro: Elsevier, 2007.

O livro mostra a prática pela ótica dos empreendedores que já são bem-sucedidos. Traz conceitos práticos aplicados e, dessa forma, orienta tanto empreendedores iniciantes como os mais experientes.

Nesta seção, você encontra comentários acerca de algumas obras de referência para o estudo dos temas examinados.

Síntese

Nesses seis capítulos do livro foi possível conhecer um pouco acerca do empreendedorismo, bem como as principais características do empreendedor, seja ele intraempreendedor, social, serial ou o que abre um negócio.

A visão ampla do contexto do cenário atual para as micro e pequenas empresas mostra as diversas oportunidades e a importância da representatividade.

É um resumo dos principais conceitos abordados. Pode ser em forma de texto, quadro ou diagrama. Ao retomar o que foi abordado, serve para confirmar ou não as conclusões formuladas pelo aluno/leitor ao longo da leitura da parte, colaborando em seu esforço de assimilação dos conteúdos.

Primeira parte

Gestão empresarial

Adriano Stadler

Sobre o autor

Adriano Stadler é bacharel em Administração com ênfase em Análise de Sistemas (1999) e licenciado em Matemática (2001), com pós-graduação em Turismo: Gestão e Docência (2001) e Metodologias Inovadoras aplicadas à Educação (2003). Possui MBA em Marketing e Negócios (2004) e mestrado em Administração (2007) pela Universidade do Vale do Itajaí (Univali).

Já atuou profissionalmente em diversos setores, de modo especial na área de serviços, na qual exerceu funções gerenciais. É consultor de empresas, desempenhando funções de treinamento e desenvolvimento para instituições ligadas à atividade turística e hoteleira.

Atualmente é professor do Instituto Federal do Paraná (IFPR), onde coordena o curso técnico em Logística e a pós-graduação em Gestão Pública na modalidade EAD.

Publicou vários artigos científicos em revistas e eventos e é autor do livro *Gerenciamento econômico, administrativo e de pessoal*, publicado pela Editora Ibpex em 2004.

Introdução

Este livro foi elaborado com o intuito de fornecer uma visão abrangente da gestão organizacional com base em conceitos de sustentabilidade. Assim, a primeira parte desta obra pretende ser uma base para todos os demais volumes desta coleção, pois servirá como suporte conceitual para os leitores que não são administradores por formação acadêmica e, para os que o são, fará uma revisão atualizada de conceitos, definições, nomenclaturas e pontos de vista da atividade administrativa nas organizações públicas, privadas ou de terceiro setor.

Além de relembrarmos os fundamentos da gestão e da evolução do pensamento administrativo nos Capítulos 1 e 2, abordaremos nos capítulos 3, 4 e 5 a relevância do planejamento na gestão empresarial e o *Balanced Scorecard* (BSC), uma ferramenta de gestão que trata da perspectiva financeira, dos clientes, dos processos internos e do aprendizado. Essa ferramenta, além de ser uma metodologia de indicadores, também contribui para a gestão das pessoas, dos públicos envolvidos e das questões ambientais e sociais.

Apresentamos também algumas reflexões práticas, com o objetivo de levar você a pensar sobre a forma como tais conceitos são aplicados em diferentes configurações organizacionais.

Ao final da primeira parte do livro, esperamos que você tenha refletido sobre a evolução da gestão até os nossos dias, considerando que a partir daí devemos visualizar o desenvolvimento sustentável e o seu grande impacto no planejamento e na gestão das organizações públicas, privadas e do terceiro setor.

Por fim, lançamos a você um grande desafio: leve para a sua realidade acadêmica e profissional todo o conteúdo deste livro. Essa é a proposta mais construti-

1

A evolução do pensamento administrativo

Neste capítulo, teremos a oportunidade de conhecer, ou de relembrar, a evolução da administração desde a Antiguidade até a Era da Globalização. Poderemos recordar um dos grandes feitos da humanidade: a Revolução Industrial e os seus impactos para a vida em sociedade. Posteriormente abordaremos os problemas que levaram à criação da chamada *teoria científica*, a qual transformou a administração em ciência. Taylor e Fayol, considerados os pioneiros da administração, serão confrontados com teóricos modernos e, com isso, poderemos observar as contribuições de cada um deles para o nosso cotidiano profissional.

As principais teorias servirão como pano de fundo para este livro, tendo em vista que, desde as técnicas mais básicas até os mais modernos mecanismos administrativos, todos, de alguma forma, assentaram-se nas descobertas e nas conclusões dos precursores da administração científica.

> Acreditamos que um profissional eficaz precise conhecer o passado, para compreender o presente e planejar o futuro.

Essa frase resume o primeiro capítulo. Você vai conhecer os principais teóricos, os conceitos, o histórico das empresas, enfim, a evolução do pensamento administrativo. Devemos reconhecer que Frederick Winslou Taylor (1856-1915) e Henri Fayol (1841-1925) não são considerados pioneiros da administração à toa.

Eles transformaram o modo de pensar, de agir e de planejar as organizações no início do século XX. Por meio de técnicas que hoje nos parecem simples, esses administradores revolucionaram o cotidiano das indústrias de sua época, transformando a administração de empresas em uma ciência, fato que aconteceu recentemente, em 1903, quando Taylor criou o **estudo dos tempos e dos movimentos.**

E isso, que teve origem há pouco mais de um século, é o que falta em grande parte das organizações. Não nos referimos ao estudo dos tempos e dos movimentos em si, mas à necessidade de tratar dos problemas organizacionais com a devida importância, trazendo à realidade cotidiana dos mais diversos tipos de organização os conceitos científicos.

É para isto que estamos aqui: para aproximar a sua realidade do verdadeiro conhecimento, daquilo que os anos, os modismos, as novas tecnologias ainda não conseguiram apagar, o verdadeiro papel de um administrador moderno.

1.1
Histórico da administração

Percebemos que as grandes revoluções são fatos na história das civilizações que alteram significativamente os seus rumos. Na história da administração de empresas temos uma grande revolução que não causou apenas impactos no seu meio, mas em toda a vida das sociedades.

A Revolução Industrial teve início com a invenção da máquina a vapor, em meados de 1776. Seu criador, James Watt (1736-1819), contribuiu sobremaneira para a evolução da sociedade industrial na sua época. Até esse acontecimento, os produtos eram confeccionados de forma artesanal, rusticamente e sem muita sofisticação. Com o advento desse novo maquinário, foi possível produzir em larga escala, com padronização e maior qualidade.

Segundo Maximiano (2000), com a Revolução Industrial, as primeiras fábricas modernas começaram a colocar em prática diversos conceitos que se tornariam universais nos séculos seguintes. A máquina a vapor trouxe uma nova forma de gerenciar um empreendimento, agora com a possibilidade de produção em larga escala, que resultou na grande projeção das indústrias dessa época, gerando muita riqueza, empregando muitas pessoas, desenvolvendo cidades, regiões, incentivando o comércio exterior, a pesquisa e a criação de novos produtos, a competitividade e a elaboração de estratégias de diferenciação de mercado.

Enfim, percebemos que a história da Revolução Industrial ainda impacta em nosso cotidiano, e as consequências desse evento histórico são muito presentes. Assim é possível demonstrar que uma "revolução" é algo muito maior do que uma "evolução". A revolução consiste em reinventar formas de se fazer a mesma coisa, agregando valor e transpondo paradigmas tidos como insuperáveis, como dogmas.

A Revolução Industrial trouxe impactos sociais jamais imaginados. A estrutura social da época mudou repentinamente: novas relações de poder e novos interesses comerciais surgiram, consolidou-se a soberania dos grandes industriais da época considerados "novos coronéis". Foram mudanças de ordem econômica, política, social, ambiental e cultural que refletem até nossos dias, demonstrando que o capitalismo neoliberal é ambíguo, ou seja, traz benefícios consigo, mas também muitos transtornos irreversíveis à sociedade.

A possibilidade de trabalho em grandes indústrias seduzia jovens que viviam no campo, levando-os a deixar sua vida para buscar o Eldorado industrial. Aqui já é possível perceber um primeiro impacto negativo da industrialização: o êxodo rural. Atualmente, a possibilidade de ter carteira assinada e dos direitos trabalhistas continua seduzindo os jovens e os velhos que saem de suas regiões e vão em busca de sucesso, fato que nem sempre ocorre, devido à baixa qualificação da mão de obra e a substituição desta pela "mão robotizada".

Esse processo foi iniciado na Inglaterra e logo as regiões desenvolvidas da época aderiram ao sistema, sendo que a máquina a vapor beneficiou tanto as indústrias quanto o transporte, por meio da navegação a vapor e dos trens de ferro. Esses transportes foram implementados pela necessidade de se escoarem os altos volumes de produção para mercados então não explorados.

Podemos concluir que a Revolução Industrial provocou a substituição dos produtos fabricados de forma artesanal produzidos em oficinas de forma não padronizada por produtos resultantes de grandes linhas de produção de fabricação em série e em larga escala, que se tonaram o sinônimo de progresso desse período histórico da administração.

1.2
As fases das empresas

A evolução das organizações, desde as precárias oficinas dos tempos da Revolução Industrial até as mais modernas indústrias existentes no século XXI, pode ser demonstrada, segundo Chiavenato (2004), nas seguintes fases:

Quadro 1 – As fases da história das empresas

1ª	Artesanal	Primórdios até a criação da máquina a vapor por James Watt.	Até 1780
2ª	Transição para a industrialização	Período de adaptação para a nova tecnologia voltada para a indústria.	1780-1860
3ª	Desenvolvimento industrial	Crescimento das indústrias e popularização desta tecnologia ao redor do mundo civilizado.	1860-1914
4ª	Gigantismo industrial	Grande poder das indústrias geradoras de riquezas.	1914-1945
5ª	Moderna	Novas tecnologias aplicadas aos meios de produção.	1945-1980
6ª	Globalização	Mudança de foco: dos meios de produção para a informação.	Após 1980

Fonte: Adaptado de Chiavenato, 2004.

> **Para refletir**
>
> Qual é a relevância de conhecermos o histórico da administração de empresas?
>
> É pela necessidade de reconhecermos como a evolução na administração ocorre e para percebermos que nem todas as ferramentas administrativas são revolucionárias, elas são criadas e desenvolvidas com o passar dos tempos.
>
> Precisamos perceber que tudo o que aplicamos atualmente nas empresas é resultado de tentativa e erro em outras ocasiões por visionários de sua época. Assim como na história das empresas as inovações ocorreram, também devemos aderir às novidades e trazer resultados positivos para as organizações que administramos.

1.3 Os principais teóricos e escolas da administração

Devemos conhecer os teóricos da administração para podermos compreender os fatos que acontecem em nosso cotidiano profissional. As criações desses visionários estão presentes em nosso trabalho, mas, muitas vezes, não sabemos de sua origem.

É inegável afirmar que sempre as empresas foram de alguma forma administradas, ou seja, sempre houve gerenciamento, porém com base em improvisos ou em técnicas sem fundamento, as quais não conseguiam trazer os resultados de que necessitavam.

Escola clássica da administração

Segundo Chiavenato (2004), Taylor publicou seu livro *Administração de oficinas* (1903), no qual apresentava uma técnica que permitia que todas as organizações que a implantassem obtivessem maior produtividade, sendo esse o primeiro passo para tornar a administração uma atividade científica.

Taylor percebeu que os maiores problemas que assolavam as indústrias da época tratavam da inconstância da produtividade por parte dos operários, já que eles trabalhavam o mínimo para manter o seu emprego, pois não havia mecanismos de mensuração de produção por indivíduo. Isso ficou conhecido como *vadiagem dos operários*.

Da mesma forma, a gerência desconhecia os processos de produção, já que cada grupo de operários fazia o mesmo trabalho da forma que aprendera, não respeitando um processo-padrão de produção. A falta de padronização causava prejuízos para a indústria e se caracterizou como um dos problemas que fizeram com que Taylor criasse a ferramenta científica chamada de *estudo dos tempos e movimentos* (*motion time study*), a qual consistia em eliminar os movimentos desnecessários dos empregados e estipular tempos-padrão de produção para que a produtividade aumentasse invariavelmente para as empresas que a implantassem.

Taylor decompôs o trabalho do operário em pequenas tarefas (que é a menor unidade do trabalho), estudou a possibilidade de movimentos ou esforços desnecessários e analisou a sua razão/finalidade. Na sequência, cronometrou o tempo gasto pelos operários para realizar a mesma tarefa para, enfim, estipular um tempo-padrão de produção. Essa técnica, aliada ao pagamento por produtividade, faria com que cada empregado, com o passar do tempo, tivesse incentivo para produzir mais, e assim as metas de produção aumentariam cada vez mais.

Ainda fazendo parte da chamada *Escola Clássica da Administração*, o francês Henri Fayol (1841-1925) criou, em 1916, a teoria clássica da administração. Ela ampliou o foco da teoria científica, abordando não só as tarefas, mas também a estrutura da organização como meio de atingir a eficiência organizacional.

Entendemos por *estrutura* todo o organograma formado por cargos ligados por linhas formais de comunicação distintos, em uma escala hierárquica bem definida e com autoridades lineares dirigindo as equipes de trabalho. Ou seja, a teoria clássica enfatizava que a eficiência da organização só se daria pelo trabalho de todos os elementos que compõem a organização por meio de uma autoridade centralizada, que partia do topo para as bases.

A grande contribuição de Fayol para a administração foi a criação do processo formado por "Planejamento, Organização, Comando, Coordenação e Controle", o qual foi posteriormente redimensionado por Peter Drucker, o pai da administração moderna (Chiavenato, 2004).

Em seu livro *Administração geral e industrial* (1949), Fayol também afirma que todas as organizações, independentemente do porte, área de atuação ou estilo administrativo, são compostas por seis funções básicas, quais sejam:

- **Técnicas** – É o objetivo maior de cada organização, está relacionada com a produção de bens ou a prestação de serviços da empresa; desta função decorrem as demais.
- **Comerciais** – São decorrentes da anterior e significam "comercializar". O produto ou serviço da organização está ligado à compra e à venda.
- **Financeiras** – Decorrentes das comerciais, estão relacionadas ao fluxo financeiro da organização.
- **Segurança** – É a função que se relaciona com a proteção e preservação de matérias-primas, recursos físicos, patrimoniais e de pessoas.
- **Contábeis** – É a função que se relaciona com os registros, balanços, inventários, custos e estatísticas da organização.

- **Administrativas** – Não é a função primordial da organização (que é a técnica), porém é responsável pela sincronização das cinco funções anteriores.

Outra contribuição de Fayol foram os seus 14 princípios básicos, que regem a teoria em questão:

- Divisão do trabalho;
- Autoridade;
- Disciplina;
- Unidade de comando;
- Unidade de direção;
- Subordinação do interesse individual ao interesse coletivo;
- Remuneração;
- Centralização ou descentralização;
- Cadeia escalar;
- Ordem;
- Equidade;
- Estabilidade de pessoal;
- Iniciativa;
- Espírito de equipe.

A Escola Clássica da Administração (composta pelas teorias científica e clássica) teve a contribuição de Henry Ford (1863-1947), o criador da linha de produção móvel, que, com suas inovações de ordem administrativa em sua indústria, juntamente com Taylor e Fayol, contribuiu significativamente para o desenvolvimento das ferramentas administrativas das organizações modernas.

Escola comportamental de administração

Dentro da história da administração de empresas, destacamos as escolas comportamentais, as quais são responsáveis pelas técnicas existentes em nossos dias, sobre relacionamentos interpessoais, planejamento de cargos e salários, desenho de funções, planos de carreira, remuneração estratégica, treinamento e desenvolvimento e qualidade de vida no trabalho.

Essas escolas foram as precursoras do que modernamente chamamos de *gestão de pessoas* e foram responsáveis pelo foco no elemento humano das organizações.

Teoria das relações humanas

A teoria das relações humanas surgiu pela necessidade de se humanizarem os processos de trabalho. Em uma sociedade industrial com poucos órgãos reguladores das relações trabalhistas, a indústria possuía um grande poder sobre as pessoas e sobre a sociedade na qual a despersonalização do trabalho era um fato gerador de grande conflito.

Logicamente, a teoria que enfatizava o bom relacionamento da empresa com as pessoas e os grupos informais existentes nela objetivava a melhoria da produtividade para a organização, porém o meio para se alcançar esse objetivo era a motivação.

Compreendemos *motivação* como o processo de induzir uma pessoa ou um grupo de pessoas a atingir aos objetivos determinados pela empresa. Do ponto de vista administrativo, *motivação* é sinônimo de *indução*.

Essa descoberta aconteceu quando Elton Mayo (1880-1949) realizou um estudo chamado *experiência de Hawthorne*, quando descobriu que, se a empresa oferece um ambiente de trabalho amistoso, sem pressão e com recompensas materiais e simbólicas, as pessoas invariavelmente produzem mais.

O estudo de Mayo objetivava analisar as implicações das condições físicas de trabalho sobre a produtividade dos operários. Ele descobriu que o que mais afetava o rendimento dos trabalhadores era o efeito psicológico. O estudioso tentou eliminar ou isolar esse efeito, mas não foi possível, então a forma mais eficaz foi induzir o comportamento das pessoas por meio da motivação.

Essa teoria não teve o sucesso esperado, já que a sociedade industrial da época não estava preparada para implementar uma ferramenta administrativa tão contrária ao paradigma dominante naquele período, quando a indústria era dona dos recursos produtivos e dos meios de produção, não importando as boas relações humanas de trabalho. Em 1954, Abraham Maslow (1908-1970) apresentou uma teoria da motivação humana, na qual classificou as necessidades do ser humano, separando-as em *primárias* e *secundárias*.

O estudo de Maslow ficou conhecido como a *hierarquia das Necessidades de Maslow* ou *pirâmide de Maslow* (Andrade, 2009), composta por necessidades primárias (fisiológicas e de segurança) e secundárias (sociais, de autoestima e autorrealização), sendo cada uma prerrequisito para a necessidade subsequente, da mesma forma que quando qualquer uma das necessidades não está razoavelmente satisfeita, a necessidade anterior volta a dominar o comportamento do ser humano.

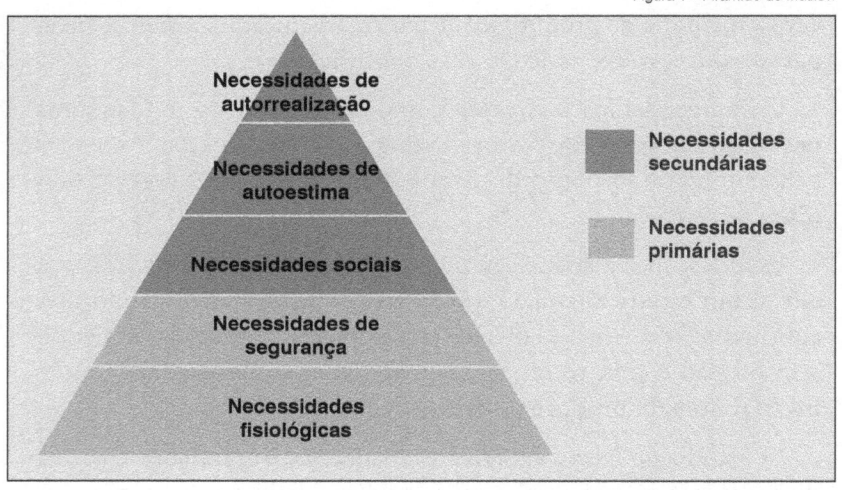

Figura 1 – Pirâmide de Maslow

[Pirâmide com os níveis, de cima para baixo: Necessidades de autorrealização; Necessidades de autoestima; Necessidades sociais; Necessidades de segurança; Necessidades fisiológicas. Legenda: Necessidades secundárias; Necessidades primárias.]

Fonte: Adaptado de Chiavenato, 2004.

Já a **teoria dos dois fatores** de Frederick Herzberg (1923-2000), teve como objetivo compreender os motivos que causam a satisfação e a insatisfação dos operários no ambiente de trabalho. O autor atribuiu as condições impostas pela empresa como fatores higiênicos e as condições ligadas aos fatores psicológicos do empregado como fatores motivacionais.

Essa teoria está relacionada com a Pirâmide de Maslow, segundo a qual, para estar satisfeito, todo ser humano precisa dos fatores higiênicos (salário, benefícios, condições de trabalho correspondendo às necessidades primárias) e dos fatores motivacionais (satisfação pessoal, prazer no trabalho correspondendo às necessidades secundárias).

As escolas comportamentais contribuíram significativamente para a administração moderna das empresas, ao passo que atualmente estas procuram formas de maximizar seus lucros por meio das pessoas, fazendo com que o ambiente de trabalho seja prazeroso e possibilite às pessoas que compatibilizem os seus objetivos pessoais com os objetivos da empresa empregadora.

Escola burocrática

O sociólogo alemão Max Weber contribuiu para a ciência da administração ao criar o modelo burocrático de organização, no qual enfatizava a estrutura (processos) da organização como meio para alcançar eficiência organizacional.

É importante destacar que a burocracia de Weber significava impor normas e procedimentos previamente estabelecidos e que deveriam ser rigidamente seguidos para que os resultados da empresa fossem alcançados. Algumas características desse modelo são amplamente discutidas em nosso cotidiano e seu cumprimento tem significado equivocadamente pejorativo no cotidiano organizacional.

Porém, esse significado negativo se deve às disfunções da burocracia, que são facilmente percebidas ao nos depararmos com situações difíceis de serem resolvidas ou quando normas e regras extremamente rígidas são exigidas para que determinado procedimento aconteça dentro de uma organização.

Os conceitos de poder e autoridade são discutidos dentro da teoria da burocracia por Max Weber, sendo um dos temas mais debatidos pelos executivos nas empresas modernas. Vários autores da atualidade que analisam as formas de aplicação de poder e autoridade referenciam Max Weber em suas obras.

Já a teoria subsequente, a estruturalista, partiu dos conceitos primários da burocracia e ampliou o seu foco. Além da ênfase na estrutura também têm foco nas pessoas e o ambiente no qual a empresa desenvolve os seus negócios. Essa teoria é mais democrática e humana e seus conceitos são aplicados de forma ampla atualmente.

Escola contemporânea da administração

Como exemplo de escola contemporânea, podemos citar a teoria neoclássica, que teve Peter Drucker como um de seus criadores (Chiavenato, 2004). Essa teoria é uma revisitação dos conceitos da teoria clássica, porém com as devidas atualizações à realidade organizacional da época em que foi criada (década de 1950).

Essa teoria enfatiza a prática da administração e afirma que os fins são mais importantes que os meios no alcance do objetivo organizacional. Assim, o processo administrativo é atualizado, passando a ser composto por:

- planejar;
- organizar;
- dirigir;
- controlar.

A teoria neoclássica teve grande aceitação no meio empresarial por ser eclética e altamente adaptável à realidade organizacional de pequenas, médias e grandes empresas de setores primários, secundários ou terciários da economia. Porém, sua maior contribuição consiste na discussão da necessidade de descentralização da autoridade aos níveis mais baixos da organização como meio de alcançar maior eficiência.

Ainda na perspectiva contemporânea, podemos citar as teorias **sistêmicas** e **contingenciais** como grandes contribuições para a gestão empresarial de organizações modernas.

Essas teorias preveem a ênfase no ambiente externo das organizações e demonstram que as empresas são sistemas abertos, que possuem alta interação com os elementos que estão à sua volta, impactando e sendo impactados pelas suas ações.

São consideradas variáveis ambientais todas as infuências que são externas à organização e que podem impactar o planejamento e a gestão do negócio, como: economia, tecnologia, cultura, condições sociais, naturais, demográficas, assim como concorrentes, clientes, fornecedores, funcionários, acionistas e órgãos reguladores.

Atualmente, avaliar as influências desses elementos é imprescindível na elaboração de estratégias ou para a gestão operacional de uma empresa.

Podemos observar a seguir uma representação das escolas da administração, as principais teorias que as constituem, bem como a época de sua criação.

Quadro 2 – Visão geral das teorias da administração

Escola ou abordagem	Teorias pertencentes	Ênfase da teoria	Período
Escola clássica	Teoria científica e Teoria clássica	Ênfase nas tarefas/estrutura da organização	1903 1916
Escola comportamental	Teoria das relações humanas Pirâmide de Maslow Teoria dos dois fatores de Herzberg	Ênfase nas pessoas e nos relacionamentos em grupo	1927 1954 Década de 1960
Escola burocrática	Teoria da burocracia Teoria estruturalista	Ênfase nos processos, pessoas e ambiente	Década de 1940
Escola contemporânea	Teoria neoclássica Teoria dos sistemas Teoria da contingência	Ênfase na prática da administração, ênfase no ambiente	Década de 1950 até a atualidade

Fonte: Adaptado de Chiavenato, 2004; Maximiano, 2001.

É necessário ressaltar que estudamos os pioneiros da administração para conhecermos a evolução do pensamento administrativo e para podermos saber a origem das modernas técnicas de administração, dos novos paradigmas organizacionais e dos modismos que estão presentes nas decisões de pequenas e grandes organizações.

> Procure correlacionar essas escolas com o estilo administrativo da empresa com que você tem contato e você perceberá que todas as inovações existentes atualmente são resultado da criação da ciência da administração. Reflita sobre o fato de que em um prazo de pouco mais de 100 anos já vivemos diferentes cenários no que diz respeito à gestão empresarial e que nos próximos 100 anos certamente viveremos profundas transformações nas formas de gerir uma organização.

Neste capítulo, estudamos a evolução histórica da administração, desde a Revolução Industrial até a Era da Globalização, passando pela criação da ciência da administração a partir das teorias de Taylor e Fayol, da invenção da linha de produção móvel e pela grande projeção das organizações no século XX.

Também percebemos que a humanização do ambiente de trabalho se fez necessária, para isso foram criadas teorias como a das relações humanas, a pirâmide de Maslow e a teoria dos dois fatores de Herzberg.

Na atualidade, precisamos perceber a alta influência das organizações em outras, por isso estudamos as escolas contemporâneas, para que com esses conhecimentos possamos vislumbrar como precisamos agir no desenvolvimento de nossa profissão.

2

Fundamentos da gestão organizacional

Em todos os momentos de nossa vida estamos de alguma forma administrando. Podem ser nossos projetos, nossas finanças, nosso tempo, nossos recursos materiais, enfim, o ato de administrar é algo presente em nosso dia a dia, e o alcance dos nossos objetivos está intimamente ligado a quão bem administramos as ações do nosso cotidiano.

Entretanto, no mundo dos negócios, administrar é o grande trunfo para o sucesso de qualquer empreendimento. Com o passar dos anos, novas formas de maximizar resultados surgiram para as empresas, que hoje podem operar com o mínimo de custos possível, respeitando a sociedade e o meio ambiente. É nesse cenário que passaremos, a partir de agora, a conhecer um pouco mais sobre a ciência da administração.

2.1

Gestão organizacional ou empresarial?

Devemos chamar esse conhecimento de *gestão organizacional*, pois os conhecimentos de administração são aplicados em organizações públicas, privadas e do terceiro setor e não somente em empresas, como a maioria de nós costuma pensar. Mas independentemente do tipo de organização que utiliza esses conhecimentos e levando em conta que as ferramentas empresariais são utilizadas em qualquer tipo de organização, doravante utilizaremos o termo *gestão empresarial*.

2.2

O que é administrar?

Poderíamos elaborar nossa própria definição sobre o que é administrar; alguns podem utilizar seus conhecimentos anteriores ou sobre sua própria experiência pessoal a respeito da administração. Vamos usar a visão de Chiavenato sobre administração: "Administração é o ato de trabalhar com e através de pessoas para realizar tanto os objetivos da organização quanto de seus membros" (Chiavenato, 2004, p. 5).

Esse autor (2004) menciona uma visão contemporânea do que é administrar que é muito aceita no cotidiano corporativo, pelo fato de mencionar que administrar é buscar objetivos por meio de pessoas e que estas precisam compatibilizar os seus objetivos pessoais aos da empresa, pois, dessa forma, gera-se comprometimento e satisfação pessoal.

Essa definição também aponta para a necessidade de os gestores estarem sempre alinhados aos recursos humanos no que diz respeito à busca dos objetivos, os quais devem ser bons para todos os envolvidos nesse processo.

Assim, *gestão* é o ato de gerir, gerenciar, gestionar, administrar, mediar uma empresa ou uma unidade departamental. O ato de gerir sempre envolve pessoas (recursos humanos), processos (atividades ou funções) e recursos pertinentes diversos (Rezende; Abreu, 2000).

Percebemos, assim, que o ato de administrar pode parecer muito simples, a ponto de muitos empresários desprezarem as ferramentas administrativas e os estudos acerca do ambiente empresarial. Nesse fato reside o grande problema que leva ao insucesso de tantos empreendimentos: a falta de uma administração científica.

A gestão baseada no improviso e no "achismo" precisa dar espaço a uma gestão profissionalizada e baseada em conhecimentos teóricos aplicados à realidade de todos os tipos de organização.

Por isso enfatizamos a necessidade de absorver os conteúdos deste livro e aplicá-los nas organizações, logicamente adaptando-os à sua realidade, ao seu porte, aos tipos de clientes e às possibilidades financeiras da empresa. Aí você entenderá que administrar é tanto uma ciência quanto uma arte.

Esse questionamento – se a administração é uma ciência ou arte – faz com que ela seja uma área do conhecimento tão sedutora para profissionais das mais variadas áreas, já que médicos, dentistas, fisioterapeutas precisarão de conhecimentos administrativos para fazer o seu negócio prosperar.

Contadores, economistas, turismólogos, bacharéis em informática e psicólogos precisam da administração para ampliar os horizontes da sua profissão. Engenheiros, agrônomos e arquitetos utilizam em seu dia a dia muitos conceitos administrativos que a sua própria formação não lhes proporcionou. Pedagogos e licenciados em diversas áreas também precisam da administração para que as suas escolas sejam geridas como um negócio e obtenham resultados expressivos.

Concluímos que administrar é uma área democrática e aberta às experiências positivas de profissionais dos vários campos do conhecimento que, por sua vez, contribuem para o desenvolvimento da administração.

2.3

Os recursos organizacionais

As empresas são organizações instituídas intencionalmente para alcançar certos objetivos e constituídas por pessoas, processos, máquinas, conhecimento, fluxo de capital e insumos, sendo necessárias para a vida em sociedade, já que nós precisamos delas para nascer, viver e morrer.

Nas palavras de Sandroni, (2001, p. 204), empresa é uma "organização destinada à produção e/ou comercialização de bens e serviços, tendo como objetivo o lucro".

Veremos na sequência os principais recursos formadores das organizações.

Recursos humanos

Os recursos humanos são os mais importantes de qualquer organização, mesmo em empresas em que a máquina, o processo de produção ou o meio de distribuição sejam o seu grande diferencial, pois são necessárias pessoas que operem essas máquinas, programem a produção, elaborem as estratégias, operacionalizem-nas e contabilizem os lucros ou os prejuízos.

O processo irreversível de mecanização das empresas, substituindo a mão de obra humana por robôs ou máquinas computadorizadas que maximizam a produção, já foi bastante criticado anteriormente, porém é um processo de vital importância para a sobrevivência das organizações num ambiente altamente competitivo.

É necessário que os empresários percebam que os colaboradores substituídos por máquinas devem ser aproveitados na operação dessas tecnologias. Com toda certeza, vários funcionários darão lugar a um operador da máquina, mas não devemos esquecer de que a mecanização dos processos produtivos gera o aumento da produtividade, dando a oportunidade para que os empregos eliminados assumam outras frentes.

Os empresários também precisam perceber que nessa nova sociedade o capital humano é o maior patrimônio, por isso é necessário oferecer capacitação e prover os recursos humanos de habilidades para que o trabalho seja desempenhado da melhor forma na organização, gerando lucros sustentáveis aos investidores.

Percebemos que as pessoas são tidas como o maior patrimônio de uma empresa. Veremos mais detalhadamente a relevância dos recursos organizacionais nos próximos capítulos desta obra.

Recursos materiais

Os recursos materiais ainda são considerados por muitos gestores como os principais dentro de uma empresa. Não podemos negar que são vitais, porém devemos notar que esse panorama em nossa economia altamente globalizada tem mudado consideravelmente.

Recursos materiais são aqueles caracterizados por máquinas, edificações, espaço físico, matéria-prima, estoques, aparato ferramental e demais itens de apoio para a fabricação dos produtos ou para a prestação dos serviços de uma organização. Atualmente, acreditamos que esses recursos não são tão importantes quanto os humanos, pelo fato de que a fábrica não é tão importante quanto o conhecimento agregado na fabricação do seu produto e que esse conhecimento é intangível, e de nada adiantaria uma bela fábrica que produz algo que não traz consigo o valor agregado que permite a diferenciação no mercado.

Vale ressaltar que os administradores precisam gerir seus recursos materiais com base nas modernas ferramentas administrativas disponíveis.

Recursos tecnológicos

A tecnologia está presente em todas as organizações e não compreende apenas os seus maquinários, mas, sim, todos os procedimentos e métodos utilizados para transformar matéria-prima em produtos acabados.

Apesar de ser comum associarmos recursos tecnológicos a computadores e periféricos, aqueles podem ser mecanismos de simples utilização para diferentes tipos de empresas. De acordo com Maximiano (2000, p. 100), a "tecnologia é a aplicação do conhecimento à produção de bens e serviços. Em sentido mais amplo, a tecnologia compreende os meios com os quais o homem amplia suas capacidades".

A tecnologia permite a transformação de matérias-primas em produtos acabados ou também a intenção de compra em um serviço prestado. No caso do setor de serviços, a tecnologia inclui os conhecimentos e as habilidades acumulados e gerenciados pela organização que estão à disposição dos consumidores no ato da prestação do serviço.

Tendo como exemplo um hotel, uma empresa típica de serviços, a prestação do serviço de hospedagem se dá por meio da tecnologia utilizada desde a recepção do hóspede até a saída deste do estabelecimento.

Nesse exemplo percebemos que a tecnologia utilizada não se encontra nos apartamentos, nas camas, nos banheiros, mas, sim, em todo o conhecimento organizado no ato da prestação do serviço que permite ao hotel cobrar pelo padrão de serviços que oferece.

Recursos financeiros

Os recursos financeiros em uma organização são como termômetros para o sucesso ou o insucesso desta, mas infelizmente alguns empresários só sabem que sua empresa vai mal quando o seu bolso está vazio. E essa é uma realidade muito próxima de todos nós, já que os microempresários possuem essa característica muito forte.

Por isso a gestão financeira é fundamental, pois a razão da existência de uma empresa é a geração de lucros aos seus proprietários. Podemos dizer que:

> entende-se por recursos financeiros todas as entradas e saídas de valores na empresa, o que é caracterizado pelo fluxo de caixa; sendo assim, será a relação entre quanto se produzir e vender e os recursos investidos que determinará o lucro ou, caso contrário, o prejuízo de um empreendimento. (Stadler, 2004, p. 2)

As decisões financeiras envolvem todos os demais setores, sendo necessária uma grande sincronia dessa função com todas as demais. A viabilidade econômica para uma organização é condição-chave para o andamento de projetos de curto, médio e longo prazo em quaisquer departamentos.

Os recursos financeiros, além de abrangerem as entradas e as saídas de capital, também são responsáveis pelos financiamentos, empréstimos, pelas ações e pelas demais espécies de transação financeira.

2.4

Departamentalização

O organograma é o desenho de uma empresa, a sua divisão formal dada por cargos unidos por linhas formais de comunicação dentro de uma hierarquia de autoridade previamente estabelecida.

Existem várias formas de representar um organograma, dependendo da sua estrutura, do tipo de organização hierárquica ou do estilo de gestão. Um modelo bastante comum (de estrutura linear) é representado a seguir:

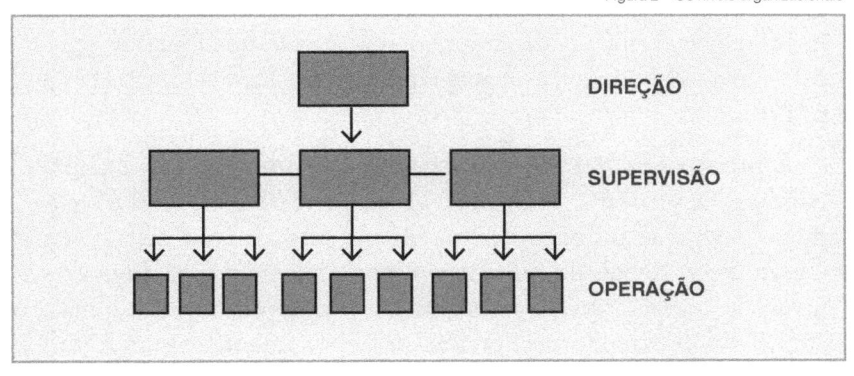

Figura 2 – Os níveis organizacionais

DIREÇÃO

SUPERVISÃO

OPERAÇÃO

"Em toda a organização formal existe uma hierarquia que divide a organização em camadas ou níveis de autoridade. Na medida em que se sobe na escala hierárquica, aumenta o volume de autoridade do administrador" (Chiavenato, 2000, p. 181). Esse formato nos permite observar a distribuição de autoridade por meio dos níveis hierárquicos e, dessa forma, concluímos que, quanto mais se sobe na escala hierárquica, maior é a concentração da atividade administrativa e, da mesma forma, quanto mais se desce na escala hierárquica, maior é a concentração de atividades operacionais.

Vale ressaltarmos que as decisões de caráter estratégico estão concentradas no topo da hierarquia; as decisões gerenciais, que são responsáveis por transformar as estratégias em planos táticos e operacionais, estão concentradas nos níveis intermediários, estes podendo variar de tamanho e complexidade, dependendo da estrutura, do porte e do setor no qual a organização atua. E finalmente os níveis operacionais, que são as bases da empresa, incumbem-se de realizar os objetivos estratégicos e táticos da empresa.

Tendo em vista o organograma como uma divisão formal de cargos em uma organização, a departamentalização é uma forma de ordenação dos processos produtivos, utilizando uma divisão lógica que venha ao encontro das necessidades da empresa e da sua estratégia de produção. Para tanto, consideramos a departamentalização "o agrupamento de funções relacionadas em unidades gerenciáveis para atingir objetivos organizacionais de maneira eficiente e eficaz. As principais formas de departamentalização são funcional, por processo, mercado, cliente, área geográfica e matricial"(Montana, 1998, p. 159).

É preciso ressaltarmos que existem dois tipos de departamentalização: a vertical e horizontal. A primeira se dá quando a empresa, devido ao processo de crescimento, precisa criar mais níveis hierárquicos, dividindo funções e responsabilidades para diferentes níveis da organização. Já a departamentalização horizontal é mais conhecida, ocorrendo pela criação de departamentos segundo um critério estabelecido.

Os tipos de departamentalização horizontal mais comuns são:

- **Por funções** – É o exemplo clássico das organizações e se concentra no departamento pela função que desempenha dentro de uma estrutura organizacional, possuindo funções distintas umas das outras, separadas por órgãos de linha (departamentos que estão intimamente ligados ao alcance dos objetivos da empresa) e órgãos de *staff* (departamentos que dão suporte aos órgãos de linha), por exemplo: função de produção, comercial, recursos humanos, logística.

- **Por produtos e serviços** – Significa que a junção de pessoas em torno do departamento se dá pelo tipo de produto ou serviço que aquele determinado grupo realiza. Uma fábrica de alimentos é um exemplo: linha de produção de massas, departamento de sucos, seção de chocolates etc.

- **Por tipo de clientes** – Quando a organização cria departamentos seguindo critérios de diferenciação dos clientes, como as lojas de departamentos que possuem seções masculinas, femininas, infantis, linha jovem, gestante, idosos, *fashion*, *street wear* etc.

Também existem outras formas de departamentalização, como **geográfica** (utiliza o território como forma de criar departamentos), por **projetos** (os departamentos existem enquanto os projetos estão em execução), por **processos** (cada departamento é responsável por uma parte do processo como as montadoras de automóveis).

2.5

Centralização

O grau de centralização ou de descentralização nas organizações depende de inúmeros fatores, e não existe uma regra a ser seguida. Cada empresa concentra a autoridade ou a distribui na hierarquia, levando em conta a sua estrutura, seus recursos, o grau de confiança nos subordinados, a filosofia da empresa ou a complexidade do negócio.

A centralização ocorre quando a autoridade, para tomar as decisões, fica concentrada nos níveis hierárquicos mais elevados de uma organização, quando as decisões de grande e média complexidade ficam restritas a poucas pessoas, dependendo da sua aprovação para que a tarefa tenha andamento.

A centralização é uma característica da teoria clássica da administração proposta por Fayol, em especial quando é abordado o princípio da "unidade de comando", a qual prevê as ordens nas mãos de apenas um gestor. Esse modelo organizacional é bastante útil para empresas simples e em estágios iniciais, geralmente em formato piramidal em um ambiente estável e pouco complexo.

A centralização do poder no topo de uma hierarquia se torna necessária quando não há profissionais competentes para que aquele seja descentralizado, acarretando sobrecarga de trabalho ao executivo e, ao mesmo tempo, lentidão e inflexibilidade para a organização, já que as decisões deverão passar por mais níveis hierárquicos até que a decisão seja tomada e a questão seja resolvida.

2.6
Descentralização

A descentralização é caracterizada pela delegação de poder de tomada de decisão aos níveis mais baixos da empresa. Significa deixar as decisões menos complexas a cargo dos níveis hierárquicos inferiores, sendo que estes estão mais próximos da cena da ação, ou seja, de onde a decisão propriamente dita será aplicada.

Essa delegação proporciona mais agilidade, rapidez e clareza na tomada de decisão, permitindo também que a comunicação não se distorça ao longo dos níveis hierárquicos, que detalhes não sejam perdidos em face da dificuldade da comunicação no âmbito organizacional.

A descentralização é o fator-chave para o crescimento das empresas, pois o número de atividades e de decisões numa corporação aumenta à medida que ela cresce. Um chefe centralizador tende a concentrar as principais decisões para si, mas, com o passar do tempo e com o crescimento da organização, ele terá condições apenas de solucionar os problemas mais urgentes, deixando para depois as pequenas decisões, o que acarretará a ineficiência dessa empresa.

2.7

Empowerment

Ainda que não haja tradução para a língua portuguesa para esse termo, ele tem sido chamado de *empoderamento*, o que significa, basicamente, a delegação de responsabilidade ou a transferência de poder, que, nas empresas tradicionais, se concentrariam na alta cúpula, para a organização e seus membros em escalões inferiores, para que se busquem a eficácia e o comprometimento destes.

Segundo Gaither e Frazier (2002), *empowerment* é o processo de delegação de autoridade para os trabalhadores dos níveis inferiores da escala hierárquica. Seus principais objetivos são promover a velocidade e a flexibilidade e a capacidade de decisão da organização como um todo.

Seu principal benefício é favorecer a tomada de decisões somente pelas pessoas que vão utilizar o seu resultado, sendo que, para que se possa estabelecer quaisquer outros processos de reestruturação organizacional, a delegação de autoridade é necessária.

2.8

A função gerencial

Geralmente, as empresas possuem as atividades concentradas em três patamares, independentemente de quantos níveis hierárquicos possuam. Essa concentração nos permite visualizar a cargo de quem estão as decisões estratégicas, gerenciais e operacionais numa organização.

Os três níveis mais citados pelos autores da área de administração são: **executivo** (nível estratégico), **gerencial** (nível tático) e **técnico** (nível operacional), o que significa que cada um dos gestores desses níveis é responsável por áreas diferentes, porém altamente ligadas umas as outras.

A diretoria é responsável pela elaboração dos planos estratégicos da empresa, da definição dos rumos e das decisões de alta complexidade, os gerentes são responsáveis por transformar essas estratégias em planos táticos para serem operacionalizados, e os supervisores são responsáveis pelos planos operacionais, ou seja, pela função técnica da organização. Assim, os três níveis estão em diferentes patamares, mas ao mesmo tempo são intimamente ligados.

2.9
As competências e as habilidades dos administradores

Consideram-se administradores todos aqueles profissionais que possuem responsabilidades em qualquer um dos níveis citados anteriormente e que desempenham habilidades conceituais, humanas e técnicas. A utilização dessas habilidades é que permite às organizações o alcance dos resultados esperados e a sustentabilidade nos mercados em que atuam.

De acordo com Chiavenato (2004), Andrade (2009) e Maximiano (2000), para cada um dos três níveis hierárquicos básicos são exigidos graus diferenciados de habilidades nas três áreas de atribuições administrativas:

- **Habilidade conceitual** – É a habilidade pertencente aos administradores em nível estratégico da organização, de modo especial aos membros da diretoria, presidência, acionistas ou proprietários de empresas de qualquer porte. Essa habilidade representa a visão administrativa do negócio e as filosofias que regem o andamento da empresa, permitindo compreender a complexidade, as contingências e os dilemas que envolvem a gestão daquele negócio. Essa aptidão é a condição que permite aos gestores elaborarem estratégias, redirecionarem o andamento da empresa, prospectarem novos nichos de mercado e implantarem e implementarem projetos relevantes para a organização.

- **Habilidade humana** – Essa habilidade é necessária para os gestores em qualquer nível da organização, pois envolve o relacionamento com as pessoas da organização (funcionários) e fora dela (clientes, fornecedores, órgãos de apoio, concorrentes). Permite também aos administradores o desenvolvimento de certas competências que são vitais no cotidiano do gestor, como a liderança, que é aplicada nos processos de motivação na organização.

- **Habilidade técnica** – Costumeiramente se fala que "é preciso saber fazer para saber mandar...". Esse ditado popular é a base para essa habilidade, já que um bom supervisor é aquele que sabe desempenhar tecnicamente o seu trabalho. As habilidades técnicas são fundamentais para o nível dos supervisores e menos importantes para os níveis mais elevados, já que, quanto mais um funcionário sobe na escala hierárquica, menor é a incidência das atividades operacionais. O conhecimento técnico também não é garantia de que o melhor operário será o melhor supervisor. Muitos bons operários não possuem habilidades humanas, e isso impede que seu trabalho como gestor obtenha o sucesso esperado. Um fato que não se pode desprezar é que os bons administradores são aqueles que conseguem, ao longo de sua carreira, desenvolver paralelamente essas habilidades. O operário se aperfeiçoa tecnicamente, busca conhecimentos humanos para crescer na hierarquia. Os supervisores e os gerentes aperfeiçoam-se na questão conceitual para ocupar cargos executivos, ao passo que os executivos devem ampliar sempre seus conhecimentos para acompanhar a evolução do mercado no qual sua empresa atua.

A seguir temos a representação das competências e habilidades gerenciais dispostas nos níveis hierárquicos.

Figura 3 – As habilidades dos gestores

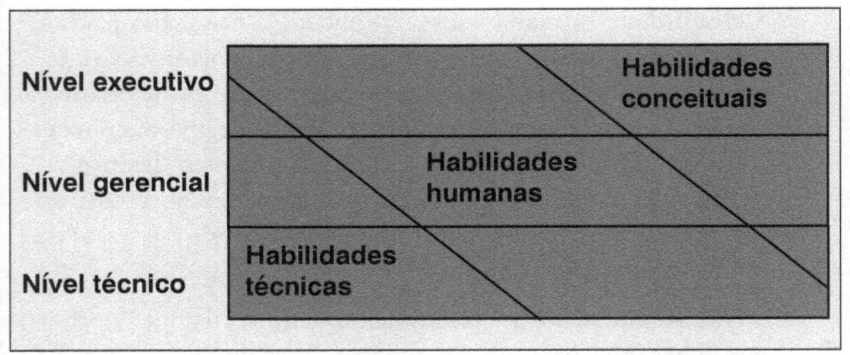

Nível executivo			Habilidades conceituais
Nível gerencial		Habilidades humanas	
Nível técnico	Habilidades técnicas		

Fonte: Maximiano, 2000; Chiavenato, 2004.

É relevante destacarmos que todos nós, independentemente do setor no qual atuamos, precisamos desenvolver essas habilidades e nunca acreditar que o nosso conhecimento já é suficiente, pois o que move as pessoas rumo ao sucesso é a humildade e a inquietação de que sempre poderemos ser melhores, mais cultos e competentes do que somos atualmente.

Competência é a junção de três atributos: conhecimento, habilidade e atitude:

- **Conhecimento** é a consciência de como se realizam as tarefas.

- **Habilidade** é a capacidade de realização de determinadas funções.

- **Atitude** é o comportamento perante uma atividade.

Vivemos na sociedade do conhecimento e, por isso, falar que é necessária a busca constante pelo conhecimento é redundante, porém o conhecimento a que nos referimos não é somente aquele dos livros, mas também daquele adquirido com a cultura, as vivências, as histórias de vida, as crenças, enfim, tudo aquilo que de alguma forma gera conhecimento relevante e que pode ser aplicado no cotidiano pessoal e profissional.

Esses conhecimentos permitem aos gestores a resolução de problemas empresariais, possibilitam inovar, buscar novas alternativas, propor soluções, ou seja, fazem que sejamos menos resistentes à mudança.

Habilidade significa saber fazer algo, ou seja, aquilo que já possuímos e que pode ser aperfeiçoado, assim destaca-se a habilidade humana com todos os *stakeholders* envolvidos no negócio da organização.

Um gesto com atitude se diferencia dos demais administradores. Atitude é algo que não se mede, não se pode avaliar, porém é o que faz a grande diferença entre os profissionais medianos e os excelentes. A atitude é percebida nas pequenas situações, nos detalhes que cativam e levam o gestor ao patamar de líder, de exemplo do que é o ideal.

2.10
Processo administrativo

O primeiro modelo de processo administrativo foi proposto por Fayol na teoria clássica da administração, a qual abordava os processos de **previsão, organização, comando, coordenação e controle**. Posteriormente, na teoria neoclássica da administração, da qual Peter Drucker foi um dos precursores, passou-se a admitir que o processo administrativo é formado pelos processos de **planejar**, **organizar**, **dirigir** e **controlar** todos os recursos organizacionais, compostos por pessoas, finanças, tecnologias, matéria-prima, maquinários e processos de trabalho, objetivando o alcance dos resultados organizacionais.

Os neoclássicos afirmam que essa é a base da função de um administrador, pois, se administrar é agir, a ação administrativa se dá por meio dos quatro verbos citados anteriormente, os quais, de forma cíclica, compõem o seu cotidiano profissional. Percebemos isso na figura a seguir:

Figura 4 – O processo de gestão

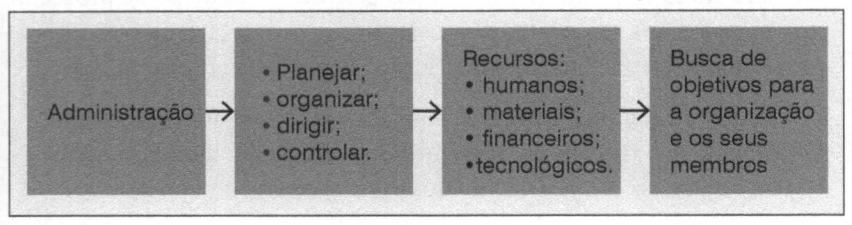

| Administração → | • Planejar;
• organizar;
• dirigir;
• controlar. | → | Recursos:
• humanos;
• materiais;
• financeiros;
• tecnológicos. | → | Busca de objetivos para a organização e os seus membros |

De acordo com Chiavenato (2004), o processo administrativo é um processo contínuo e fornece aos gerentes a possibilidade de planejar e prever a curto, médio ou longo prazo as ações, os planos e as estratégias administrativas a serem executadas na empresa.

O processo administrativo serve principalmente para que as organizações não trabalhem despreparadas e sem planejamento, ou seja, para que a gestão seja baseada em informações precisas. É necessário destacarmos que nos mais diversos níveis da organização o processo administrativo ocorre com diferentes graus de complexidade e importância, pois, quanto mais alto na escala hierárquica o processo administrativo maior significado estratégico ele possui para a empresa, caso contrário, seu significado é de ordem operacional.

Quadro 3 – Processo administrativo

Processo ou função	Descrição
Planejamento	Planejamento é o processo de definir objetivos, atividades e recursos.
Organização	Organização é o processo de definir o trabalho a ser realizado e as responsabilidades pela realização; é também o processo de distribuir os recursos disponíveis segundo algum critério.
Direção	Execução é o processo de realizar atividades e utilizar recursos para atingir os objetivos. O processo de execução envolve outros processos, especialmente o processo de direção, para acionar os recursos necessários para as atividades e os objetivos.
Controle	Controle é o processo de assegurar a realização dos objetivos e de identificar a necessidade de modificá-los.

Fonte: Maximiano, 2004.

Planejamento

O planejamento é a capacidade de antever o futuro, de prever os objetivos almejados e vislumbrar os resultados em termos financeiros, de posição no mercado, de *status* perante os *stakeholders* e de imagem para a organização.

Essa ação é básica para o cotidiano do administrador, já que se faz necessário planejar a todo momento diversos processos paralelamente. Assim, pode-se planejar algo desafiador, realizável e facilmente mensurável.

Em muitas empresas, o planejamento é substituído pelo "achismo", pelo improviso, por deduções e intuições dos gestores, que creem que a experiência profissional por si só é capaz de substituir um planejamento consistente. Percebemos que a falta de um planejamento para esses empresários não os permite realizar o controle, que é a etapa final do processo administrativo.

Por isso, podemos concluir que o planejamento é a etapa que está apenas em projeto, antes da sua operacionalização, e é um grande diferencial para os profissionais que possuem habilidades para essa função em qualquer nível da organização.

Organização

A organização é a segunda etapa do processo administrativo e compreende, basicamente, a reunião, a sincronia e o preparo dos recursos organizacionais necessários, com base no que foi anteriormente planejado. Essa etapa envolve pessoas, processos, maquinários, finanças, tecnologia, e o seu sucesso depende do cumprimento de prazos e da visão holística necessária para compreender o ciclo como um todo.

A garantia de que essa etapa proporcionará os resultados esperados depende do líder e das pessoas envolvidas no ato da organização, já que o trabalho em equipe nesse momento faz a diferença.

Direção

Alguns autores utilizam o termo *liderar* para caracterizar a terceira etapa do processo administrativo, pois os gestores precisam utilizar grandes habilidades interpessoais para atingir o objetivo pretendido. É preciso usar a liderança, as capacidades de comunicação, as habilidades humanas, a visão de delegação de autoridade e ainda os conhecimentos técnicos sobre a área em que atua.

De acordo com Maximiano (2000), o processo de direção retoma um conceito anteriormente estudado: saber dirigir é antes de tudo uma arte, pois conduzir as pessoas nesse processo significa orientar os esforços, sendo que o gestor deve estar junto dos colaboradores e à frente deles.

A direção se dá quando aquilo que foi previamente planejado e organizado começa a acontecer. A direção é a ação propriamente dita, é a operacionalização do trabalho, sendo que o papel do administrador é fundamental até que os próprios funcionários possam agir com autonomia, sabendo que a qualquer momento pode haver a intervenção de quem conduz essa etapa.

É relevante destacar que, quando o processo está acontecendo naturalmente e dentro do cronograma planejado, o administrador delega a responsabilidade e passa apenas a controlar os resultados, podendo se dedicar à implementação de outros projetos.

Controle

Controlar significa verificar se tudo aquilo que foi planejado anteriormente está ocorrendo, se o resultado encontrado até o momento precisa de melhorias, de redirecionamento ou se é necessário rever o planejamento e até alterar os objetivos pretendidos.

Segundo Maximiano (2000), caso o controle não seja bem cuidado, pode prejudicar todo o processo. De nada adianta um profissional basear o seu trabalho no processo administrativo se ele não mensura os resultados eficazmente. É fundamental sermos flexíveis para a mudança e estarmos atentos para adaptar os procedimentos de uma empresa para maior produtividade. Isso é possível na etapa do controle.

Controlar também tem o significado de dar e proporcionar *feedback* a todos os envolvidos com o negócio da empresa, já que gestores, acionistas, funcionários e clientes precisam estar informados do sucesso ou do insucesso das atividades da organização. Sendo assim, o *feedback* é

> o processo pelo qual se produzem modificações em planejamento, em programas, em projetos ou em ações a partir do efeito produzido pela ação executiva, avaliada e medida por meio de acompanhamento. É um processo contínuo de avaliação e ação. (Souza; Corrêa, 1998, p. 68)

Por meio do *feedback* é possível visualizar o fechamento do processo administrativo. Como este é cíclico, o controle permite que os próximos planejamentos se deem de maneira mais eficaz, corrigindo os erros que aconteceram durante as etapas anteriores, possibilitando o ajuste às novas tecnologias, tendências e respeitando os processos de mudança ambiental e organizacional, desta forma trazendo mais eficácia aos negócios da empresa.

Fica como reflexão para o final deste capítulo: conceitos são palavras publicadas em livros e, se estes não forem colocados em prática, não há sentido na existência da teoria.

3

Planejar e gerenciar: o *Balanced Scorecard*

As ações de planejar e gerenciar fazem parte do cotidiano da maioria dos administradores que atua no mercado. Planejar é antever o futuro, visualizar uma situação desejada, aquela que seja confortável e segura, e que permita tomar decisões com base em informações já existentes. Gerenciar é transformar tudo o que foi planejado no nível estratégico em resultados, é operacionalizar negócios próprios em busca da sustentabilidade econômica da empresa.

Enfim, para que possamos transformar planos em ações, é necessário conhecer o processo de planejamento e gestão. Assim, conheceremos neste capítulo a diferença entre planejamento estratégico, tático e operacional e a influência deles na gestão do empreendimento.

3.1

Tipos de planejamento

Das funções do processo administrativo, o planejamento possui grande importância para o alcance do resultado das empresas. Para Montana (1998), o planejamento ajuda os gerentes a refletirem sobre os assuntos e os problemas até chegarem a uma solução e a conseguirem prever alternativas para direcionar as decisões e superar os problemas. O planejamento nas empresas pode ser realizado no nível estratégico, tático ou operacional. Veremos a seguir cada um deles mais detalhadamente.

Planejamento estratégico

A palavra *estratégia* é muito comum em nosso vocabulário, mas no meio empresarial ela desempenha uma função vital no sucesso dos negócios. *Estratégia,* para Maximiano (2000), é a seleção dos meios de qualquer natureza, empregados para realizar objetivos. Seu conceito nasceu da necessidade de se alcançar objetivos em situações complexas, ou seja, a estratégia é uma ferramenta utilizada para que os objetivos esperados sejam alcançados. "A estratégia de um a organização descreve como ela pretende criar valor para seus acionistas, clientes e cidadãos" (Kaplan; Norton, 2004, p. 5).

O maior resultado de um planejamento estratégico é designar objetivos para a organização, ou seja, é demonstrar e prever onde a empresa deve chegar, com quais recursos e em quanto tempo. A duração de um planejamento estratégico depende muito do tamanho da empresa, da estrutura financeira e também da relevância que os administradores atribuem ao planejamento.

> O planejamento estratégico consiste em definir objetivos para a relação com o ambiente, levando em conta os desafios e as oportunidades internas e externas. O processo de planejamento estratégico afeta a empresa a longo prazo, porque compreende as decisões sobre os produtos e serviços que a organização pretende oferecer e os mercados e clientes que pretende atingir. (Maximiano, 2000, p. 203)

Os objetivos são propósitos de longo alcance estabelecidos para períodos específicos. Eles são traçados por meio dos planejamentos estratégicos e traduzidos em planos táticos que assegurarão seu alcance por meio dos planejamentos operacionais.

Michael Porter é o grande nome da estratégia em nossos dias, seus estudos são considerados os mais relevantes na área administrativa atualmente. Esse autor será muito estudado nas disciplinas que abordam diretamente o planejamento estratégico.

Planejamento tático

Os planos táticos são as formas de traduzir as estratégias da empresa em planos viáveis, palpáveis e acessíveis aos colaboradores, a ponto de fazê-los participantes no processo de alcançar o que foi planejado anteriormente.

Depois de definidos os objetivos a longo prazo estipulados pela direção da empresa, é preciso estruturar a organização internamente, mobilizando setores, pessoas e recursos necessários para a operacionalização da estratégia.

Essa é a função dos gestores de médio escalão nas empresas. Gerentes, supervisores, coordenadores e demais cargos executam planos táticos. Ela abrange variáveis como as condições do mercado consumidor, os objetivos financeiros e os recursos necessários para alcançar os resultados para a empresa.

Para isso nos basearemos em Kaplan e Norton (2004), os quais definem que os mapas estratégicos de uma empresa, ou seja, a operacionalização da estratégia, são feitos com base nas perspectivas financeira, do cliente, interna e de aprendizado e crescimento.

Planejamento operacional

São as atividades do dia a dia caracterizadas por cronogramas e planos de operacionalização do que foi estrategicamente definido e taticamente traduzido e dissecado entre as várias áreas da empresa. Esse planejamento envolve também fatores como matéria-prima, condições de trabalho e recursos humanos.

O planejamento é feito de acordo com cada organização, ou seja, sempre varia conforme a cultura e a filosofia de cada empresa, o que, por sua vez, resultará em diferentes tipos de planejamentos para diferentes situações.

Sob a perspectiva do planejamento, podemos ter uma ideia da necessidade de compreender e organizar o nível intermediário da organização, responsável pelo emprego da maioria dos gestores em todas as organizações. Também sob essa ótica vislumbramos a necessidade de os empresários compreenderem o processo de tradução dos planos estratégicos, voltados para a realidade do mercado e em que a organização atua, da sua estrutura organizacional e funcional, do comportamento do consumidor e das inovações tecnológicas.

3.2

O *Balanced Scorecard*

A partir da necessidade de maximizar resultados nas organizações, surgiram ao longo dos anos muitas técnicas e metodologias de planejamento e gestão das organizações, porém uma delas, criada na década de 1990, causou uma verdadeira revolução no contexto empresarial: o *Balanced Scorecard* (BSC).

Kaplan e Norton (2004) abordam em suas obras os mecanismos de mensuração dos resultados nas organizações por meio do BSC, demonstrando por meio de mapas estratégicos quais são as formas de traduzir estratégias em planos reais e palpáveis para as organizações, sejam elas grandes, pequenas, do ramo industrial, comercial, do setor de serviços, independentemente de sua localização.

> O BSC nos mostra os conhecimentos, as habilidades e os sistemas que os funcionários necessitam (aprendizado e crescimento) para inovar e construir as capacidades estratégicas e as eficiências adequadas (processos internos) para criar valor para o mercado (clientes) que levará ao maior valor aos acionistas (financeiro). (Lima, citado por Angeloni; Mussi, 2008, p. 221)

Kaplan e Norton (2004) classificam o BSC como sistema de mensuração de desempenho das organizações baseado em medidas não financeiras, pois nem todas as decisões que os gestores tomam no dia a dia do trabalho são baseadas apenas em informações financeiras.

A filosofia do BSC é que a aplicação da estratégia é mais importante do que a estratégia em si e, apesar de os dados financeiros e contábeis serem fundamentais para o alcance da sustentabilidade organizacional, é preciso que outras variáveis tão relevantes quanto essa sejam avaliadas, tais como a relação com os mercados, os processos produtivos internos e o que tange ao aprendizado e ao crescimento das pessoas e da organização.

> Uma pesquisa mundial realizada pela consultoria Brain & Company, em 2003, com 708 empresas, entre elas 60 companhias brasileiras, sobre o uso de ferramentas de gestão em 2002, verificou que o *Balanced Scorecard* e a gestão do conhecimento foram as ferramentas que mais cresceram no período de 2000 a 2002. O *benchmarking* e o planejamento estratégico alcançaram os maiores índices de utilização em 2002. Um total de 84% dos participantes brasileiros disse usá-las. O *Balanced Scorecard* era utilizado em 57% das respondentes. (Lima, citado por Angeloni; Mussi, 2008 p. 220)

A figura a seguir apresenta as perspectivas do BSC:

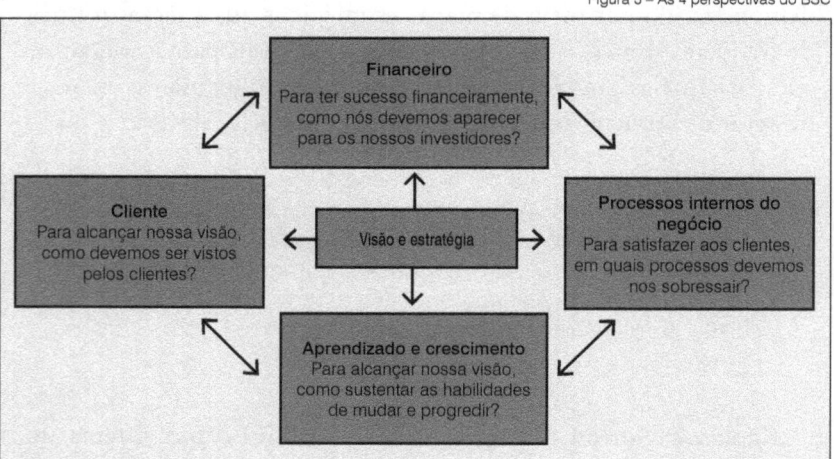

Figura 5 – As 4 perspectivas do BSC

Financeiro
Para ter sucesso financeiramente, como nós devemos aparecer para os nossos investidores?

Cliente
Para alcançar nossa visão, como devemos ser vistos pelos clientes?

Visão e estratégia

Processos internos do negócio
Para satisfazer aos clientes, em quais processos devemos nos sobressair?

Aprendizado e crescimento
Para alcançar nossa visão, como sustentar as habilidades de mudar e progredir?

Fonte: Pereira, 2011.

Assim, a partir de agora abordaremos a perspectiva financeira que envolve as questões que agregam valor de longo prazo para a empresa e para os seus investidores.

3.3

A perspectiva financeira

O desempenho financeiro é o indicador mais relevante de uma organização e o que mantém a empresa ativa, viva e próspera, aliado a outros vários objetivos não financeiros como a imagem da empresa, posição no mercado, *status* da marca, relevância social etc. Essa perspectiva traduz os esforços administrativos em todos os níveis organizacionais, sendo o suporte para o crescimento e a sustentabilidade da organização.

A perspectiva financeira é a representação da estratégia de produtividade e crescimento, capaz de criar valor para os acionistas e descrever resultados tangíveis em termos tradicionais, como valor e retorno para os investidores, rentabilidade, aumento de receita e diminuição de custos por unidade produzida etc. Basicamente, a estratégia financeira é descomplicada: ganha-se mais produzindo e vendendo mais e gastando menos para produzir.

3.4

Estratégia de crescimento

As organizações crescem à medida que mantêm seus clientes atuais, captam novos e fazem com que todos eles comprem mais. Esta regra é básica para o mercado atual: fazer com que os clientes não só comprem mais, mas também comprem melhor, adquiram produtos com valor agregado superior, mantenham-se fiéis a esses produtos e possam ser os porta-vozes da qualidade da empresa.

O lançamento de novos produtos e serviços também é uma forma de crescer, tendo como alvo da exploração os clientes atuais ou a abertura de novos mercados, por meio de nichos ainda pouco prospectados ou quando o produto ou serviço apresenta diferenciais competitivos que o torne sustentável economicamente.

A expansão de oportunidades de receita se dá quando os planos financeiros são baseados em pesquisas sérias, estimativas, perspectivas que permitam o gestor investir em médio e longo prazo objetivando a lucratividade. Dessa forma, o valor percebido pelos clientes pode gerar um ciclo positivo para todos os envolvidos, ou seja, quanto melhor for o produto, mais se compra, mantendo assim a empresa próspera.

3.5

Estratégia de produtividade

O aumento da produtividade pode acontecer de várias maneiras, por exemplo, com a redução de custos de produção ou de prestação de serviços. Essa redução pode acontecer pelo corte de despesas ligadas diretamente à confecção do produto ou às despesas indiretas, mas que impactam na composição do preço final do produto ou serviço.

Observe as companhias aéreas brasileiras que trabalham no sistema *low cost low fare* (baixos custos e baixas tarifas): elas simplificaram serviços de bordo, reduziram comissões de agências de viagens, eliminaram o bilhete físico, adotando o *e-ticket* (bilhete virtual), e diminuíram o tempo que a aeronave passa no solo. Com essas e outras ações, as companhias conseguiram repassar para os clientes preços mais baixos, aumentando o tamanho do nicho de mercado, ao mesmo tempo em que torna a empresa mais lucrativa.

Assim, as empresas precisam aumentar a utilização dos ativos financeiros e físicos, pois, dessa forma, minimiza-se a necessidade de investimentos, o que consequentemente impacta diretamente na composição dos custos e contribui para a melhoria da produtividade.

Produzir mais com menos recursos é a grande solução para o sucesso financeiro de uma empresa, porém não se deve sacrificar fatores como a qualidade do produto ou serviço, a idoneidade da empresa no mercado, o respeito para com todos os envolvidos (funcionários, clientes, fornecedores etc.) e ao meio ambiente. Sendo assim, percebemos que a lucratividade deve estar aliada a outras questões que preservam a existência da empresa no seu longo prazo.

A perspectiva financeira da empresa precisa estar sintonizada com o planejamento estratégico da organização, já que é o indicador mais preciso do sucesso ou do insucesso da execução da estratégia. Por isso, o crescimento da produtividade é a forma mais eficaz de obtenção de lucros financeiros. Em muitos casos, a necessidade de imediatismo nos resultados faz com que a tática mais utilizada seja a redução de custos, porém o que garante a sustentabilidade dessa perspectiva financeira é a busca do crescimento da organização por meio da busca e da retenção de novos clientes sustentáveis.

3.6

Perspectiva do cliente

A percepção de valor pelo consumidor é a força motriz de qualquer empresa, sendo capaz de moldar as estruturas organizacionais, bem como suas filosofias e perspectivas de planos em busca da satisfação plena dos seus clientes.

Em busca dessa satisfação, a corporação identifica e cria necessidades, disputa mercados, aprende com a concorrência, ouve os *stakeholders* envolvidos, inova e busca diferenciais que a tornem competitiva a ponto de que os clientes optem por consumir determinado produto ou serviço, ou seja, a empresa existe em função de seus clientes.

Tendo em vista essa relevância, para Kaplan e Norton (2004), essa perspectiva inclui indicadores como:

- satisfação de clientes;
- retenção de clientes;
- conquista de clientes;
- rentabilidade de clientes;
- participação de mercado;
- participação nas compras dos clientes.

Esses indicadores são indissociáveis, já que atingir qualquer um deles reflete nos demais, o que consequentemente impacta no alcance dos resultados estratégicos da organização. Satisfazer aos consumidores deveria ser o objetivo de qualquer organização, porém, utilizando nossas experiências enquanto consumidores, podemos perceber que não é bem assim.

Em nosso cotidiano, muitas vezes consumimos produtos ou serviços em que não percebemos qualidade ou com os quais não temos satisfação alguma. Dessa forma, somos muito sensíveis à mudança para outro produto ou serviço. Por isso, é possível notar o quanto essa dimensão fragiliza a empresa.

Poucas empresas conseguem satisfazer a um público heterogêneo, em uma economia globalizada, na qual as empresas buscam cada vez mais aperfeiçoar seus produtos para clientes-alvo. Essas organizações buscam determinar mercados específicos, ou seja, nichos de mercado, para os quais vão produzir um bem ou prestar um serviço, levando em conta as exigências desse público para o qual a empresa criará valor diferencial.

Depois de delimitado o mercado-alvo, é necessário sincronizar **preço**, **qualidade**, **disponibilidade**, **funcionalidade**, **serviços agregados**, **parecerias estratégicas** e **imagem da marca**.

A relação preço-qualidade é amplamente discutida no meio empresarial, porém é preciso levarmos em conta o que significa *qualidade* para o consumidor. Qualidade está ligada diretamente à expectativa, ou seja, o que o consumidor espera de determinado produto tem relação direta com a imagem que foi criada por ele no ato da compra, seja por meio da propaganda, seja por qualquer outro atributo do produto. Assim, sua satisfação se dará se a sua expectativa for satisfeita ao consumir, e ele não perceberá a qualidade se sua experiência for inferior ao que ele esperava.

Dessa forma, um mesmo produto pode ter a sua qualidade percebida por diferentes consumidores, dependendo do seu nível de expectativa. Assim, o preço tem relação com a qualidade, podendo ser barato para aquele que sentiu qualidade ou muito caro para aquele que não teve essa percepção.

No ato da compra, a disponibilidade e a funcionalidade são atributos-chave para a satisfação. Disponibilidade de produto ou serviço significa a possibilidade de sua utilização dentro da expectativa do consumidor, e funcionalidade é a utilização de tal produto ou serviço dependendo da necessidade de quem o compra.

Os serviços complementares e a existência de parceiros para determinado produto podem ter a função de diferenciação dos demais existentes no mercado, já que a praticidade, a confiança e a certeza do bom funcionamento são variáveis fundamentais para a satisfação do cliente. Com base nesses elementos, podemos concluir que a soma de todos esses fatores é capaz de trazer uma imagem positiva ou não à organização.

Essa imagem é traduzida pela percepção que os consumidores têm ao mencionar determinado produto ou serviço. Quando você menciona o nome de um automóvel de luxo, esse nome lembra *status*, luxo, poder? Ou quando você menciona o nome de um determinado eletrodoméstico, esse nome lembra a você falta de qualidade de um produto, que pode quebrar a qualquer momento? Então, essa é a imagem que temos de produtos e serviços e que são formadas por meio da soma de todos os atributos mencionados anteriormente.

Assim, concluímos que a perspectiva do cliente é fundamental, a ponto de moldar a estratégia das organizações para o mercado que pretendem servir. Os atributos do produto ou serviço, o relacionamento deste com clientes e a imagem da marca são considerados fatores-chave para a criação de valor diferenciado e sustentável para as organizações.

4
Perspectiva dos clientes

Toda empresa possui claramente objetivos econômicos e financeiros, cujos resultados são obtidos por meio dos relacionamentos positivos com os clientes. Com base em Kaplan e Norton (2004), vamos agora estudar a perspectiva interna da organização, os processos que internamente fazem com que determinada empresa cumpra a sua função social, que é gerar lucros sustentáveis e beneficiar a todos os seus envolvidos.

Em continuidade ao assunto das variáveis que compõem a mensuração dos ativos intangíveis das organizações, a perspectiva interna tem duas funções principais:

1. oferecer aos clientes produtos e serviços com valor agregado com o intuito de fidelizá-los;

2. aprimorar os processos produtivos internos a ponto de contribuir para as demais perspectivas da empresa (financeira, para com os clientes e o público interno).

A perspectiva interna organizacional que compõe as variáveis do BSC são:

- processos de gestão operacional;
- processos de gestão de clientes;
- processos de inovação;
- processos regulatórios sociais.

4.1

Processos de gestão operacional

Corresponde às formas de produção de um bem ou da prestação de um serviço que a organização oferece aos seus mercados. Por mais que o foco atual esteja nos clientes, faz-se necessário ressaltar que os processos produtivos desempenham o principal papel em toda a gestão da organização.

Henri Fayol, um dos pais da administração, já mencionava no início do século XX que a principal função de uma empresa é a técnica, pois dela são derivadas as demais funções essenciais numa empresa (como as comerciais, financeiras, segurança, contábeis e administrativas). Assim, esse processo (gestão operacional) tem a incumbência de abastecimento, produção, distribuição e gerenciamento de riscos.

Desenvolver e sustentar relacionamentos com os fornecedores

O objetivo principal dessas ações é diminuir o custo de produção por meio do estabelecimento de um relacionamento sólido, maduro e de alta confiança com os parceiros fornecedores, objetivando menor tempo na entrega do insumo, qualidade na matéria-prima e confiança nos prazos para o abastecimento.

Nesse momento, é necessário observar os fornecedores que oferecem soluções e não apenas o menor preço da matéria-prima. Isso significa promover ações de gestão ambiental para a empresa, como a logística reversa.

Essas soluções também podem ser percebidas quando há formas alternativas de solicitação de materiais, como meios eletrônicos, pedidos *on-line*, quando a empresa flexibiliza os processos de entrega, terceirizando-a, eliminando processos lentos e obsoletos, enfim, quando objetiva o abastecimento ágil e eficaz para o seu parceiro.

Não podemos deixar de lembrar que a qualidade do fornecedor tem impacto direto na qualidade do produto e do serviço da sua empresa, pois, no processo produtivo, os fornecedores ou serviços terceirizados são vistos pelo cliente como parte integrante do produto/serviço da sua empresa.

O setor de compras de uma organização deve ser estratégico para o seu sucesso, levando em consideração a complexidade da negociação com diversos parceiros estratégicos e seu impacto no resultado final. Assim, uma forma de medir o grau de sucesso de um fornecedor é observar a pontualidade nos pedidos. Dessa forma, poderemos verificar quais são os fornecedores que honram com os prazos estipulados.

Essa etapa de relacionamentos duráveis com fornecedores propicia aos gestores a possibilidade de reduzir custos de produção, entregar produtos com menor tempo de armazenamento, fornecer matérias-primas com alta qualidade e tecnologia e abrir diálogo e novas ideias oriundas destes, estabelecer parcerias com os fornecedores, bem como terceirizar de serviços que não são considerados estratégicos para a empresa.

Produzir bens e serviços

O processo de produção de bens ou de prestação de serviços de uma empresa pode ser mais eficiente desde que busque a possibilidade de reduzir os custos de produção por meio da maximização dos recursos produtivos (pessoas, máquinas, matérias-primas, tecnologias etc.) e do aumento dos gastos dos clientes, agregando valores aos produtos e aos serviços.

Aprimorar continuamente os processos produtivos das empresas, eliminando esforços desnecessários, tempo perdido, retrabalhos, analisando criteriosamente as tarefas, assim como fez Taylor ao criar a teoria científica da administração, são ações que contribuem para gerar benefícios para a organização.

Deve-se maximizar o processo produtivo, evitando perdas de matérias-primas, ociosidade na área de produção, confiança excessiva nos maquinários, ou seja, melhorar a utilização dos ativos fixos da empresa, bem como aumentar a eficiência do capital de giro com menores prazos de estoques, menores tempos médios de contas a receber e depositar maior confiança nos processos comerciais.

Distribuir e entregar produtos e serviços aos clientes

Esse é um processo fundamental no que tange à redução de custos de produção, já que a distribuição sempre é onerosa para qualquer setor. É preciso buscar meios de distribuição com menores custos e canais alternativos, que venham ao encontro das necessidades do cliente. Outra iniciativa fundamental consiste em cumprir prazos, elevando os percentuais de entregas pontuais com o intuito de melhorar a imagem da empresa perante seus mercados.

4.2

Processos de gestão de clientes

O processo de gestão de clientes se refere aos mecanismos internos organizacionais que aumentam o valor percebido para os seus clientes. Não se aceita mais a ideia de que tudo o que a empresa oferece será absorvido e aceito pelos consumidores. No tempo de Henry Ford, os carros da Ford Motors Company eram pretos, porque só se produziam carros pretos. Atualmente, produz-se exatamente aquilo que o cliente determina pelo preço que a empresa determina, por meio dos valores agregados ao produto.

Na economia altamente globalizada é cada vez mais comum a criação de laços afetivos entre empresa e clientes, o chamado *marketing de relacionamento*. É quando a empresa consegue estabelecer vínculos duradouros, capazes de gerar negócios de longo prazo, estabelecendo fidelidade para com a marca.

Esse tipo de *marketing* é amplamente incentivado pelas empresas por meio da busca incessante pela qualidade no atendimento. Porém, esse é um processo interno da organização que compreende:

- **Seleção de clientes** – O objetivo maior da seleção de clientes é concentrar-se apenas em clientes estratégicos. Essa ação consiste na identificação de segmentos de mercados, verificação de nichos ainda pouco explorados, objetivando criar produtos e serviços ajustáveis às necessidades e expectativas de clientes em potencial, buscando adicionar valor a esse relacionamento. A seleção de clientes compreende a busca pela segmentação do mercado e a separação dos consumidores lucrativos e com possibilidades da realização de posteriores negócios daqueles que não caracterizam o alvo da empresa. Assim, o foco de qualquer organização deve ser aquele com reais possibilidades de gerar lucros econômicos.

- **Conquista de clientes** – É considerada um dos processos mais complexos na administração de empresas, já que envolve alto investimento, tanto para conquistar clientes novos quanto para manter os já existentes. Compreende, num primeiro momento, a existência de um produto com preço competitivo, com qualidade aceitável pelos mercados e com uma comunicação clara, direta e que envolva a satisfação de necessidades e desejos de consumidores ávidos por se tornarem clientes da empresa. Nesse momento, a organização deve divulgar os seus atributos de valor, aquelas características que a diferencia da concorrência. Paralelamente, escolhem-se os melhores veículos de comunicação para que efetivamente seja possível conquistar tais consumidores. O próximo passo é transformar esse consumidor que ocasionalmente está tendo uma relação comercial com a sua empresa em um cliente fiel, ou seja, estimular a criação de laços de lealdade, capazes de serem mensurados por meio do *marketing* de relacionamento.

- **Retenção de clientes** – Não há como negar que manter os clientes é muito mais difícil do que conquistá-los. Muitas vezes, o consumidor compra determinado produto ou serviço seduzido por promoções especiais ou outros artifícios, porém a qualidade percebida, o atendimento, o pós-venda, a real imagem que teve da empresa, muitas vezes, são inferiores à expectativa, o que faz com que o cliente não se torne fiel. Entretanto, é muito menos dispendioso manter clientes e a fórmula é simples: cumpra o que foi prometido, ou seja, faça com que a expectativa do seu cliente seja ao menos contemplada. Caso ela seja superada, é bem provável que ele continue consumindo seus produtos e serviços. Os clientes chamados *leais* pagam pelo preço que acham justo, e geralmente não é o preço mais baixo que garante a sua permanência, mas sim a percepção de qualidade atribuída aos seus produtos e serviços. Quando o cliente é fiel, ele até paga mais caro e sempre acha uma justificativa para essa atitude, argumentando os benefícios, a exclusividade, a utilização e o valor que ele atribui. Sendo assim, é preciso buscar meios de agregar valor e de manter os clientes satisfeitos, ou seja, formas de buscar a excelência.

- **Crescimento da carteira de clientes** – Significa expandir o volume de consumo de clientes atuais, seja por meio do oferecimento de novos produtos e serviços, seja pela compra de produtos com valores adicionais. Significa "vender o sapato e, com ele, o cinto e a meia" ou seja, agregar aos mesmos consumidores maiores possibilidades de alargar as margens de lucro, objetivando satisfação de ambos os lados. Os grandes bancos brasileiros já perceberam isto: para separar os clientes de baixa rentabilidade dos estratégicos, foram criadas diversas nomenclaturas para mostrar a exclusividade, o bom atendimento, a agilidade e a garantia de qualidade que os clientes especiais procuram. Perceba nos comerciais de TV e em revistas o apelo das grandes instituições financeiras; o cliente paga pela exclusividade e faz questão de ser tratado de forma diferenciada. Assim, os bancos conseguem atender melhor, realizar negócios de forma lucrativa com os clientes que realmente têm potencial de consumo.

4.3

Processos de inovação

A inovação é uma regra no meio empresarial neste período de globalização e de produtos altamente competitivos. Por isso, os gestores das empresas precisam considerar duas situações: a necessidade de inovar os produtos e serviços e a facilidade com que a concorrência pode analisá-los e copiá-los.

Atualmente, as tecnologias estão à disposição de todas as empresas, sejam elas grandes, pequenas, de qualquer localidade, enfim, a inovação está acessível. Mas o que diferencia uma empresa vencedora das demais não é apenas o pioneirismo na implantação de novas tecnologias, e sim a maneira como elas as demonstram para seus clientes.

Afirmamos no Capítulo 2 que administrar é uma arte. Agora, podemos perceber que também é uma ciência, pois envolve conhecimentos técnicos e científicos, mas também precisa do talento de um artista, pois fazer com que o cliente perceba sua empresa como inovadora, moderna, atenta às oportunidades não é fácil no atual ambiente competitivo.

Identificação de oportunidades

Iniciamos nossa explanação sobre inovação abordando a identificação de oportunidades. Essa etapa nada mais é do que aplicar o processo de gestão de clientes, baseando-se em outras variáveis como a inovações tecnológicas, mudanças em legislações, necessidades dos consumidores e alterações no comportamento destes.

Identificar as oportunidades significa ouvir clientes e entender as mudanças que estão ocorrendo no cenário que envolve as organizações. Nesse contexto, estão as respostas para o processo de identificação de oportunidades. Cada vez mais as empresas utilizam mecanismos de monitoramento deste ambiente externo como insumo para a tomada de decisão empresarial.

No estudo de Stadler et al. (2008) são discutidas as variáveis de mapeamento de influências ambientais tanto internas quanto externas, abrangendo concorrentes, clientes, preço, publicidade, informações internas e externas, funcionários, informatização, tomadas de decisões e poder público. Isso comprova que as oportunidades num processo constante de inovação não necessariamente vêm do meio externo, mas, sim, análises de todos os envolvidos com o negócio da organização.

Além de se antecipar às futuras necessidades dos clientes, a etapa de identificação de oportunidades também visa desenvolver produtos e serviços mais eficazes, seguros e que efetivamente sejam úteis para os seus consumidores finais.

No ramo da tecnologia da informação vemos muito claramente que os *hardwares* e *softwares* estão sendo desenvolvidos visando à contemplação das necessidades mais específicas dos consumidores, tendo à disposição agora uma gama muito mais variada de produtos e serviços.

Portfólio de pesquisa e desenvolvimento

Os processos de pesquisa e desenvolvimento são formal ou informalmente realizados pelas organizações. Porém, sob uma perspectiva profissionalizada, é relevante existir um portfólio de pesquisa e desenvolvimento, no qual sejam acompanhados os projetos identificados na fase anterior, bem como descritos os objetivos a serem alcançados com a sua implementação.

Esse processo trata do gerenciamento de produtos no decorrer das fases de desenvolvimento, bem como objetiva a redução de tempo e custos no seu ciclo. Essa gestão de portfólio tem seu foco nas inovações e nos segmentos de mercados identificados anteriormente, na etapa de gestão de clientes.

Projeto e desenvolvimento

Depois de identificadas as oportunidades e estabelecido um programa de pesquisa e desenvolvimento de produtos e serviços, é importante operacionalizar esse processo por meio da implantação de inovações aos clientes.

Devemos destacar que as grandes corporações realizam o desenvolvimento de produtos por meio de um departamento formal e oficial, responsável por essa etapa. Entretanto, as pequenas empresas, os microempresários e os gestores que administram seus negócios com base no improviso realizam essa etapa, muitas vezes, com muito sucesso. Por meio da experiência de vida, do conhecimento do mercado e de muito talento esses empresários obtêm sucesso mesmo sem conhecimento científico e teórico, e isso merece o nosso reconhecimento. Porém, os gestores modernos não podem ignorar as ferramentas existentes e deixar a empresa padecer sem intervenção.

Vamos utilizar como exemplo de projeto e desenvolvimento um *pet shop* (segmento com grandes perspectivas de crescimento na atualidade) no qual o empresário, percebendo que os serviços de banho e tosa não são mais suficientes, já que os concorrentes também o fazem, sente a demanda e desenvolve novos serviços para os animais, como hospedagem.

Usamos esse exemplo porque é uma grande oportunidade para a implementação de um serviço em um novo mercado no qual a demanda cresce exponencialmente. Esse empresário pode ter utilizado apenas o seu conhecimento técnico para desenvolver o serviço, porém tomou uma atitude.

Enfim, nos estudos de *marketing* o desenvolvimento de produtos e serviços precisa de uma atenção bastante especial, a fim de se evitar desperdício de tempo, dinheiro e de desgaste de imagem para a organização, por ter lançado produtos com baixa aceitação do mercado.

Lançamento de novos produtos e serviços

Significa apresentar aos prováveis consumidores os produtos e os serviços que foram identificados anteriormente e passaram formal ou informalmente pelas etapas anteriores. Nesse momento, em caráter experimental, a empresa oportuniza seus produtos ou serviços utilizando estratégias para quebrar as barreiras de aceitação dos mercados.

A produção em nível esperado não é imediata, pois, à medida que novidades são lançadas, é necessário monitorar a aceitação destas e, com base nesses dados, replanejar a produção da organização.

É importante lembrarmos que os produtos lançados podem ser, e certamente serão, copiados pela concorrência num curto período de tempo. Por isso, precisamos destacar que os valores percebidos pelos clientes devem ser bastante diferenciados a ponto de mantê--los fiéis e pouco sensíveis às ofertas da concorrência.

4.4
Processos regulatórios sociais

Atualmente, podemos considerar que as empresas estão vivendo na chamada *Era da Gestão Socioambiental*, já que grande parte das modernas corporações atrela suas estratégias de negócios às práticas sociais e ambientais corretas de forma que se revertam em lucratividade para elas.

Não precisamos nos esforçar para detectar nos discursos das empresas a fala socioambiental. Isso ocorre por diversos fatores, tais como a criação e a aplicação de leis de proteção às pessoas e ao ambiente, ao massivo trabalho da mídia, mas principalmente pelas mudanças no comportamento do consumidor, já que, graças a ele, as empresas implementam e divulgam essas ações politicamente corretas.

Dentro da etapa da perspectiva interna organizacional, abordaremos o relacionamento da empresa com todos os seus *stakeholders* e de que forma que ele pode ser proveitoso para todos. Envolve meio ambiente, segurança, saúde, emprego e comunidade.

Meio ambiente

Ao abordar a questão ambiental na perspectiva interna das organizações, precisamos relembrar alguns conceitos da abordagem sistêmica da administração, a qual prevê as organizações como sistemas altamente dinâmicos e interagentes uns com os outros.

Segundo Andrade, Tachiva e Carvalho (2000), os princípios de gestão ambiental estão pautados na concepção sistêmica, na qual a compreensão do todo é mais importante que o conhecimento das partes.

Segundo Andrade (2009, p. 90),

> A organização deve ser visualizada como um conjunto de partes em constante interação, constituindo-se em um todo orientado para determinados fins, em permanente relação de interdependência com o ambiente externo.

A implantação de um modelo de gestão ambiental é muito semelhante à implantação de outros processos de gerenciamento. É necessário que sejam claramente delineados os objetivos estratégicos da empresa com tais programas: metas, meios e resultados.

Como em todo processo, cada empresa é analisada individualmente na elaboração das suas estratégias, sendo necessário examinar a organização e o ambiente no qual a organização está inserida para, então, sugerir um modelo de gestão ambiental.

Um adequado modelo de gestão ambiental fará com que seja possível unir os objetivos e as decisões estratégicas da organização com as decisões ambientais, culminando no resultado esperado (diminuição do impacto).

É necessário que as empresas tenham claramente definido, ao elaborar as suas estratégias internas, o consumo de energia e de recursos utilizados nos processos de produção e distribuição, já que existem pressões sociais e de órgãos reguladores para evitar o desperdício desses insumos.

Muito se tem pesquisado nesse setor, já que, além de representar menor custo operacional para a empresa, elas podem obter ganhos de imagem perante os mercados pela potencialização dos recursos disponíveis.

Da mesma forma, os efluentes líquidos e gasosos não representam apenas ameaça à natureza, também geram prejuízo por ter sua marca aliada à destruição do meio ambiente. Assim, os consumidores podem deixar de consumir os produtos e serviços das empresas que não contribuem para a proteção do meio ambiente natural.

O descarte de resíduos sólidos tem sido alvo de campanhas que envolvem a população, assim, as empresas que produzem tais materiais precisam aliar a variável ambiental aos seus objetivos estratégicos organizacionais. Sobre esse aspecto também é importante destacarmos que as empresas são responsáveis inclusive pelo descarte das embalagens de seus produtos.

Observemos o exemplo de produtos de limpeza: esses produtos não podem agredir a saúde dos usuários, da mesma forma que devem ser biodegradáveis ou ao menos facilmente eliminados na natureza, sua embalagem deve oferecer o menor risco ao ir a lixões e/ou depósitos, sendo de preferência reciclável.

Assim, percebemos que o impacto ambiental do produto está diretamente ligado à criação de valor para a empresa. Mais um exemplo são as baterias de celular usadas, que poderiam estar em aterros sanitários ou nas ruas, porém as empresas estão incentivando os usuários a devolverem esse produto ao fabricante, para que os impactos ambientais sejam minimizados.

Sob essa perspectiva, ressaltamos a importância dos produtos com logística reversa, ou seja, aqueles cuja embalagem (que seria descartada) volta ao início do processo produtivo e é utilizada novamente. Essa ferramenta, por vezes, esbarra no seu alto custo, porém os consumidores veem com bons olhos e valorizam as organizações que adotam esses procedimentos.

Por que elaborar estratégias ambientais?
. Devido ao crescimento do movimento ambientalista;
. Por que clientes e comunidade valorizam o meio ambiente;
. Por causa do comportamento das demandas;
. Para controlar a escassez de recursos naturais;
. Para criar projetos sociais em meio ambiente;
. Para criar uma boa imagem ambiental da empresa para fins de *marketing*.

As estratégias de gestão ambiental e de responsabilidade social são meios eficazes de se alcançar a sustentabilidade, com menor agressão ao ambiente, levando em conta a influência dos *stakeholders*.

Segurança e saúde no trabalho

Segurança e saúde no trabalho são normas e procedimentos que visam à proteção da integridade mental e física do funcionário, preservando-o dos riscos de doenças e acidentes próprios das funções e do ambiente físico de trabalho.

De acordo com Chiavenato (1997, p. 448), segurança no trabalho "é o conjunto de medidas técnicas, educacionais, médicas e psicológicas, empregadas para prevenir acidentes, quer eliminando as condições inseguras do ambiente, quer instruindo ou convencendo as pessoas da implantação de práticas preventivas"

A higiene, a saúde e a segurança no trabalho têm como objetivo garantir condições pessoais e materiais de trabalho capazes de manter o nível de saúde física, mental e espiritual dos colaboradores, pois a busca do equilíbrio entre esses elementos tem como objetivo aumentar o conforto e a satisfação dos funcionários.

Seus principais benefícios são:

- a redução dos efeitos prejudiciais provocados pelo ambiente de trabalho ou pelas condições que a empresa oferece ao trabalhador, eliminando as causas de doenças provenientes das atividades profissionais;
- a garantia da saúde dos trabalhadores e o aumento da produtividade destes, através da melhoria nas instalações e equipamentos da empresa;
- a promoção da conscientização dos funcionários para a necessidade do uso de equipamentos de segurança e dos perigos existentes no ambiente de trabalho;
- a prevenção de acidentes e de doenças do trabalho.

Para as organizações, o custo de investimentos para prevenir acidentes de trabalho e doenças ocupacionais é inferior ao prejuízo causado por funcionários doentes ou ausentes. Sob essa perspectiva, cada vez mais os investimentos na saúde, na higiene, na segurança, na qualidade de vida são vistos como estratégicos para as empresas.

Práticas trabalhistas

Essa variável se refere ao relacionamento entre empresa e funcionários, devendo-se utilizar práticas trabalhistas condizentes com a legislação pertinente e que respeitem direitos humanos em relação à proteção ao indivíduo.

Esse item também se relaciona à oferta de vagas para minorias, respeitando a diversidade, as limitações e as particularidades de pessoas, possibilitando um ganho social ao ambiente onde está inserida.

Oferecer práticas de trabalho justas, objetivando criar ambientes éticos e justos nos quais as pessoas tenham liberdade de expressão é o objetivo das organizações por meio dessa perspectiva.

Equiparar homens e mulheres em cargos de chefia, proporcionar ingresso por meio de programas de incentivos a comunidades carentes ou pessoas excluídas socialmente e o relacionamento entre empresa e sindicatos também deve ser saudável, preservando sempre o interesse do funcionário.

Comunidade

Atualmente, muito se fala do impacto das empresas nas comunidades: a poluição, a destruição da natureza, a utilização dos recursos naturais e todas as ações da empresa que podem impactar negativamente o local no qual está instalada. Não podemos deixar de reconhecer que as empresas são a força motriz da sociedade. É delas que advêm as riquezas que fazem com que as pessoas se aglomerem em metrópoles e busquem melhores oportunidades de vida, assim como foi no período pós-Revolução Industrial.

Os impactos das empresas nas comunidades ao seu redor devem ser monitorados de forma cautelosa, pois, quanto melhor for essa relação entre organizações e sociedade, mais benefícios a empresa recebe. Observe este exemplo:

> Quanto melhor e mais transparente a empresa for no que tange ao meio ambiente, às relações trabalhistas e à comunidade, melhor imagem ela passará para os seus públicos. Entre eles temos o mercado de RH, que são as pessoas que potencialmente podem trabalhar nessa empresa. Quanto melhor for a imagem da organização, mais pessoas qualificadas se mostrarão dispostas a trabalhar nela, seduzidas pelas boas condições oferecidas. Dessa forma se construirá um ciclo positivo, pois a boa empresa terá os melhores profissionais, que consequentemente trarão os melhores resultados para a própria organização.

Os projetos sociais são amplamente incentivados para melhorar esse relacionamento, pois deles são extraídos insumos para a publicidade positiva da organização. Com esses projetos, além dos benefícios para a comunidade do entorno, faz-se uma ampla divulgação para os consumidores, transmitindo a imagem de uma empresa socialmente responsável.

5

Perspectiva de aprendizado e de crescimento

Uma empresa é formada por recursos materiais, financeiros e tecnológicos, porém os recursos humanos são os mais complexos. As organizações precisam de pessoas para compor todos os níveis hierárquicos, desde as funções operacionais até as estratégicas.

Assim, a perspectiva de aprendizado e de crescimento se refere à gestão dos recursos humanos e das variáveis que envolvem as pessoas, como suas habilidades, seus conhecimentos e seus valores.

Os recursos tecnológicos, como sistemas, bancos de dados e demais recursos, são intangíveis, porém apresentados como grandes diferenciais das modernas organizações. O capital organizacional envolve o relacionamento das pessoas internamente, abrangendo a cultura organizacional, liderança, alinhamento estratégico entre todos os seus componentes e o trabalho em equipe.

5.1

Capital humano

O capital humano representa o potencial da organização em relação aos seus integrantes, por meio do conhecimento e das habilidades apresentadas por eles no decorrer das atividades profissionais cotidianas. Esse elemento permite identificar e mensurar as capacidades e as habilidades dos colaboradores para, com isso, potencializar o processo de elaboração de estratégias internas concernentes à perspectiva interna da organização.

Mensurar o conhecimento dos colaboradores requer o levantamento de quais são as atividades desempenhadas por estes, as habilidades técnicas necessárias e as competências gerenciais que permitem a ele adaptação a situações divergentes, a criação, a improvisação, enfim, o gerenciamento dos recursos produtivos.

As habilidades permitem o desenvolvimento do funcionário, a ponto de possibilitarem o seu crescimento na própria organização. Aí se incluem os conhecimentos gerenciais, de relacionamento interpessoal e de negociação.

Os gestores devem criar mecanismos para identificar as funções estratégicas e a partir desse diagnóstico procurar os recursos humanos com conhecimentos e habilidades suficientes para o exercício do cargo. Esse diagnóstico faz com que os gestores reconheçam quais são os postos de trabalho que necessitam de investimentos em treinamento, remuneração, benefícios e outras iniciativas.

Com base nesse diagnóstico, a organização deve estabelecer programas de recursos humanos que estejam plenamente ligados ao planejamento estratégico, abrangendo desde programas de recrutamento e seleção, treinamento e desenvolvimento e plano de cargos e salários com o intuito de alinhar as expectativas dos funcionários aos objetivos da empresa.

Destacamos na perspectiva do capital humano a importância de programas estruturados de treinamento e de desenvolvimento dos recursos humanos no alcance dos objetivos organizacionais.

> O treinamento consiste em uma ação ou conjunto de ações destinadas a promover uma mudança no treinando que vai desde a aquisição de conhecimentos até mudanças de atitude e desenvolvimento de habilidades. É parte da educação, mas geralmente voltado para questões mais práticas e específicas. (Bond, 2004, p. 85)

O resultado dos programas de treinamento é a maximização da capacidade cognitiva do colaborador, que a expressa por meio do aumento da produtividade, pelo aumento da motivação e pela melhoria do clima organizacional.

5.2

Capital da informação

O capital da informação é composto de sistemas, bancos de dados e redes. Seu objetivo consiste em fornecer informações e conhecimento à administração da empresa e auxiliar no estabelecimento de estratégias e na sua operacionalização.

Os sistemas de informação são acessíveis à maioria das organizações, porém até pouco tempo atrás os sistemas de gerenciamento (integrado ou parcial) eram vistos como um custo desnecessário e não estratégico para a empresa.

Atualmente, sistemas de gestão financeira ou de gerenciamento de clientes são peças-chave para o alcance de resultados positivos para a empresa, não sendo vistos mais como custos, e sim como investimentos estratégicos necessários para a lucratividade da organização.

Mesmo as pequenas indústrias que afirmam que seu grande diferencial é o seu produto têm se rendido à necessidade da implantação de sistemas de gestão da informação e ao investimento em tecnologia da informação (TI). Segundo Cruz (1998, p. 20), "TI é todo e qualquer dispositivo que tenha capacidade para tratar dados e ou informações, tanto de forma sistêmica como esporádica, quer esteja aplicada no produto, quer esteja aplicada no processo".

A gestão da informação abrange a comunicação interna e com os mercados, o gerenciamento de dados de produção e de distribuição, a implantação de tecnologia da informação condizente com seu negócio e a pesquisa e o desenvolvimento de novas tecnologias voltadas ao gerenciamento eficaz das informações relevantes.

> Os sistemas de informação podem ser conceituados, do ponto de vista do seu gerenciamento, como uma combinação estruturada de informação. recursos humanos, tecnologias de informação e práticas de trabalho organizado de forma a permitir o melhor atendimento dos objetivos de uma organização.
> (Prates, citado por Bissoli, 1999, p. 71)

O uso da gestão da informação proporciona à empresa que dela usufruir diversas possibilidades de melhor gerenciamento, controle dos processos administrativos e insumos para a criação de estratégias, as quais não teriam a mesma efetividade sem o uso de tais artifícios.

Tomada de decisões

Quando falamos em sistemas de informações, não podemos deixar de lembrar duas questões importantes: o gerenciamento eficaz e a tomada de decisões. O gerenciamento eficaz da informação é a condição básica para que as decisões sejam tomadas com êxito. Tais decisões farão com que as empresas consigam permanecer competitivas e dentro das tendências que o mercado consumidor impõe.

O processo de tomada de decisões eficaz se dá quando a organização detém informações precisas no momento certo, decorrentes de um sistema de informações bem gerenciado. É fundamental que a empresa possua as informações na quantidade certa e no tempo certo, já que a falta ou o excesso de informações podem ser prejudiciais.

5.3

Capital organizacional

O capital organizacional se refere à capacidade da organização de gerenciar os processos internos de mudança visando ao alcance dos seus objetivos estratégicos. Esse processo é responsável pelo desenvolvimento de lideranças, pela criação de climas organizacionais positivos, pelo estabelecimento de cultura voltada para o crescimento e desenvolvimento, pelo trabalho em equipe voltado para o alinhamento dos interesses individuais dos colaboradores aos interesses da empresa.

5.4

Cultura

Cultura é o conjunto de valores, crenças, percepções, atitudes e costumes vigentes no cotidiano empresarial que permeia as relações entre os níveis hierárquicos, os quais são capazes de definir os padrões de comportamento desses indivíduos dentro do ambiente de trabalho. Para Chiavenato (2000, p. 45), a cultura "é um conjunto de hábitos, crenças, valores, interações e relacionamentos sociais típicos de cada organização".

Propiciar uma cultura organizacional positiva significa reconhecer que todas essas ações subjetivas têm interferência no rendimento dos negócios. Assim, os gestores devem estimular culturas positivas, de modo especial para disseminar a sua missão, sua visão e seus valores aos funcionários. Algumas questões culturais relevantes são:

- orientação para os clientes;
- inovação e disposição para o risco;
- produção de resultados;
- compreensão da missão, da visão e dos valores;
- senso de responsabilidade;
- comunicação aberta;
- trabalho em equipe.

5.5

Liderança

Inicialmente, para abordar a liderança, é necessário conhecer as diferenças entre poder e autoridade. Para obter esse conhecimento, buscamos os conceitos de Max Weber, sociólogo alemão cujas contribuições foram os estudos das organizações e suas relações de autoridade. A busca pela razão que leva as pessoas a obedecerem a comandos originou os estudos da autoridade.

Para Weber, **poder** é a habilidade de forçar alguém a obedecer a uma ordem a despeito de resistência, pelo uso da força, da imposição ou da coação.

Autoridade é quando esses comandos são voluntariamente obedecidos pelos indivíduos que os recebem. Assim, os liderados veem como legítimo o papel daqueles em posição superior. O autor abordou três tipos ideais de autoridade:

- **Carismática** – Baseada nas características pessoais do líder.
- **Tradicional** – Tipo de autoridade cuja legitimidade não é questionada pelo liderado.
- **Racional-legal** – Autoridade institucionalizada e oficializada, ou seja, são os cargos nas organizações que determinam o uso do poder e a influência nos liderados.

A liderança figura entre os mais discutidos assuntos do mundo empresarial na atualidade. No contexto organizacional, o líder é o indivíduo capaz de articular suas capacidades de comunicação interpessoal e de influência para com os subordinados, atuando como um verdadeiro administrador.

Essa capacidade permite que o gestor consiga mesclar os três tipos de autoridade citados por Weber, a fim de que os subordinados reconheçam aquele como um legítimo líder e maximizem os resultados do seu trabalho.

O líder é aquele que aprende com os outros e consigo (erros e acertos), investe tempo no desenvolvimento do seu grupo e estabelece padrões pessoais de excelência e produtividade, obtendo resultados dos subordinados por meio do seu próprio exemplo.

5.6
Alinhamento

O alinhamento prevê que todos na organização conheçam os objetivos estratégicos desta. Isso quer dizer que, desde os funcionários do "chão de fábrica" até a diretoria, todos devem conhecer a empresa, sua missão, sua visão e seus valores.

Um trabalho de comunicação interna, mais conhecido como *endomarketing*, pode trazer ótimos resultados nesse aspecto, já que a comunicação interpessoal, democrática, clara e aberta é a chave para o alinhamento dos objetivos pessoais de cada um dos envolvidos, com os objetivos globais da instituição.

Para que a empresa obtenha sucesso nessa etapa, é necessário que esta comunique e posteriormente recompense o colaborador, ou seja, ofereça incentivos para que haja um efetivo alinhamento de objetivos.

O trabalho dos líderes é fundamental nesse momento, pois o alinhamento acontece com o reforço da direção estratégica e o fortalecimento do senso de urgência desse propósito, o alinhamento dos esforços por meio de recompensas, o desenvolvimento de força de trabalho motivada e preparada e o desenvolvimento dos objetivos pessoais e da capacitação dos colaboradores.

5.7
Trabalho em equipe

Toda empresa que alinha os seus objetivos com os dos empregados deve possuir um bom *staff* de RH. Esses profissionais devem visar ao estabelecimento do trabalho em equipe em todos os níveis hierárquicos, independentemente da função que desempenham.

Já dizia Henri Fayol que a empresa deve manter o moral do colaborador elevado e que é necessário sincronizar e coordenar esforços, estimular interesses, utilizar as habilidades pessoais e recompensar o mérito de cada um, sem despertar possíveis conflitos nem promover distúrbios nas relações harmoniosas.

O trabalho em equipe envolve o desenvolvimento de equipes capazes de aprender constantemente, de transferir conhecimentos entre os funcionários, de difundir boas ideias entre o grupo, de melhorar a comunicação em todos os níveis, de utilizar sistemas de compartilhar conhecimento, de disponibilizar informações exatas e consistentes e de integrar as equipes de trabalho.

Dessa forma, a perspectiva de crescimento e aprendizado compreende a dimensão humana da formação e da aplicação das estratégias nas organizações. Esse assunto abrange capital humano, da informação e organizacional, tendo como pano de fundo o alinhamento das estratégias da organização com os objetivos pessoais de seus integrantes.

6

A administração de empresas e o elemento humano

Este capítulo pretende refletir sobre a necessidade de aliar o elemento humano nos modernos conceitos da administração de empresas. Abordaremos o envolvimento das pessoas para a gestão socioambiental, seus impactos nas empresas familiares e, principalmente, o seu relacionamento com o *marketing* e a gestão do conhecimento.

6.1

O elemento humano da administração

Gestão de pessoas ou *gestão de recursos humanos* são as expressões geralmente aplicadas às atividades que tratam do gerenciamento de pessoas nos mais diversos níveis organizacionais. Suas funções agregam as atividades típicas de departamento pessoal, recrutamento, seleção, remuneração, treinamento, desenvolvimento, pesquisa e auditoria e desligamento. Outras funções, como programas de higiene e segurança do trabalho, saúde ocupacional e avaliação de desempenho também podem fazer parte do cotidiano do profissional gestor de pessoas.

Gerir pessoas significa captar, desenvolver e manter colaboradores dentro da organização, os quais têm por finalidade produzir e alcançar os objetivos pretendidos com os negócios. Entre as funções primordiais do gestor está, além de desenvolver o funcionário, oferecer condições organizacionais para que o elemento humano possa se desenvolver, aprimorar suas habilidades e, dessa forma, aliar os objetivos organizacionais aos objetivos pessoais dos colaboradores, que, segundo Chiavenato (1997), são:

- criar, manter e desenvolver pessoas com habilidades e motivação para realizar os objetivos da empresa;
- criar, manter e desenvolver condições na empresa para a aplicação, desenvolvimento e satisfação plena das pessoas;
- alcançar eficiência e eficácia através das pessoas.

O objetivo da função **gestão de pessoas** dentro de uma empresa consiste em fornecer subsídios para intermediar as relações de trabalho, sendo um fator fundamental para aliar os objetivos pessoais, como a autorrealização pessoal, o *status* e o reconhecimento, com os objetivos organizacionais, que são o lucro econômico, a posição de destaque da empresa no mercado e reconhecimento pela sua excelência.

As empresas são formadas por indivíduos que desempenham suas atividades profissionais em troca de remuneração. Basicamente, esta parece ser uma ideia ultrapassada, pois, na era da globalização, as pessoas buscam desempenhar funções em determinada organização almejando uma série de elementos subjetivos, os quais são fundamentais para a busca da satisfação pessoal.

Reconhecimento, *status*, prestígio, desafios, necessidades de pertencer a um grupo social e uma série de outros sentimentos fazem parte dos requisitos para uma pessoa fazer parte de uma empresa, diferentemente do *"Homo economicus"* do início do século XX, que trabalhava tendo como única motivação a recompensa salarial. Dessa forma, extrair dos funcionários o que eles podem oferecer de melhor em favor deles próprios e da organização é o desafio para os gestores de pessoas nas organizações.

6.2

O que compreende a gestão de pessoas na empresa?

No meio empresarial, é comum ouvirmos a expressão *gestão de pessoas*, porém seu real conceito é comumente confundido com *de-*

partamento pessoal. Também não é difícil perceber a utilização do termo *colaborador* nas empresas, apesar de as pessoas ainda serem tratadas como empregados, subordinados ou simplesmente como meros funcionários.

A gestão de pessoas é composta por ferramentas que vão além da simples manutenção de folhas de pagamento, da verificação de cartões de ponto, cálculo de férias e 13° salário, ultrapassando os conceitos de administração de recursos humanos. Seu verdadeiro significado compreende todas as funções ligadas às pessoas dentro do ambiente empresarial, pois estas fazem parte do objetivo maior da empresa, tratando-os como parceiros para alcançar o sucesso de todos os elementos envolvidos.

A gestão de pessoas é uma área multidisciplinar, que envolve conceitos de administração, psicologia, sociologia, antropologia, pedagogia, estatística, direito e contabilidade, pois para diferentes situações, ferramentas diversas são utilizadas, já que o gerenciamento de pessoas envolve questões subjetivas, sendo necessário o domínio de muitos conceitos para a solução dos problemas existentes no cotidiano empresarial.

Para Chiavenato (1999), gestão de pessoas ou administração de recursos humanos é a função na empresa que está relacionada com a provisão, o treinamento, o desenvolvimento, a remuneração, as recompensas e a avaliação de desempenho, sendo que sua aplicação é realizada de forma integrada na empresa e influencia diretamente na eficácia das pessoas e da organização.

As empresas necessitam utilizar seus recursos disponíveis e maximizar sua eficácia com os conceitos de gestão de pessoas. Para que a organização consiga atrair bons candidatos, ela precisa estar plenamente organizada do ponto de vista dos recursos humanos e passar esta imagem para os futuros candidatos.

Um grave problema que envolve as empresas no Brasil, em especial em regiões que sofrem com os efeitos negativos da sazonalidade, é a alta rotatividade de funcionários, fenômeno também conhecido como *turn-over*. Seus efeitos são negativos para a organização, ao passo que esta não consegue manter um quadro efetivo durante o ano todo, sendo necessário, em épocas de alta temporada, recorrer à contratação de pessoas, as quais, em muitos casos, não passam por períodos de treinamento adequados para o trabalho.

O resultado do *turn-over* é a baixa qualidade na produção ou na prestação do serviço, já que o reduzido tempo de permanência do funcionário na empresa pode resultar, no primeiro caso, em perdas qualitativas de produtividade, e, no segundo caso, no mau atendimento ao cliente, que não tem seus anseios e necessidades reconhecidos. Em virtude disso, o cliente não estabelece uma identificação com os prestadores do serviço, tornando difícil o oferecimento de um atendimento personalizado.

Outro fator negativo da alta rotatividade de funcionários é que, além das rescisões contratuais que geram ônus às empresas, ela ocorre pelo fato de que cada colaborador, ao iniciar o trabalho, levará certo período de tempo até a sua produtividade se equiparar à dos demais colegas. Também nesse período sempre é necessário que haja pessoas que deem treinamento e suporte operacional ao recém-contratado, pois pode existir uma queda de produtividade, o que significa perdas para a empresa.

6.3

A humanização da empresa e a motivação para o trabalho

A motivação é o estímulo que a empresa oferece, sendo uma das ferramentas mais importantes. Motivar é abrir portas para outros fatores importantes, trazendo organização, funcionalidade e resultados concretos. Em um mercado competitivo, sobrevivem aqueles que sabem lidar com as situações estressantes com calma e equilíbrio, enxergando tudo com mais maturidade e discernimento.

Motivar o capital humano é buscar o alcance dos resultados almejados pelas organizações. Motivar para o trabalho é o processo pelo qual o esforço ou a ação que leva ao desempenho profissional de uma pessoa é impulsionado por certos motivos. Eles podem ser internos (da própria pessoa) ou externos (ambiente em que a pessoa está inserida).

A motivação está intimamente ligada ao respeito à dignidade do ser humano. Para Aktouf (1996), este consiste em viabilizar ao indivíduo o direito a tudo o que se constitui em necessidade básica, como educação, saúde, trabalho, habitação, entre outros fatores capazes de tornar o ser humano um recurso valorizado, logo, motivado.

Uma empresa deve tomar os devidos cuidados para manter o bom equilíbrio emocional de seus líderes e liderados, garantindo, assim, o bom funcionamento organizacional e no mercado. A dependência e a relação da empresa para com o bom desempenho de seus cooperadores e líderes é muito grande, portanto, podemos nos deparar com um conjunto que deve estar harmonioso no geral.

Para desempenhar um bom papel, um cooperador ou líder deve, antes de tudo, estar motivado no sentido profissional e pessoal, pois tudo está integrado num único conjunto: o ser humano.

A capacidade de gerar ideias novas é o talento mais procurado hoje no mundo dos negócios. Mas, na maioria da empresas, esses processos criativos são muito tímidos, como se as ideias criativas dependessem somente do seu próprio surgimento e não precisassem de nenhum esforço diligente e bem administrado para se consolidarem.

Assim, faz-se necessário refletir sobre a influência da humanização das organizações e seus reflexos na produtividade, já que o ambiente interno, a implantação de uma política ética de desenvolvimento humano e a imagem de empresa socialmente responsável interferem significativamente na motivação.

Notamos que, justamente na falta de motivação, muitas empresas perdem a oportunidade de suscitar novas ideias e angariar novos projetos. Acreditamos que somente ganhos salariais ou benefícios atraentes não são suficientes para manter seu pessoal motivado, concebendo novas ideias e soluções. Um dos maiores anseios do colaborador é, sem dúvida, a participação na organização de seu próprio ambiente de trabalho, o reconhecimento de que ele é um ator fundamental para o desenvolvimento organizacional.

Dentro desse contexto, as organizações precisam de gestores que deem importância ao capital humano, constituindo-se em instrumentos de transformação do objetivo organizacional, em plena harmonia com acionistas, colaboradores e consumidores.

Dessa forma, o reconhecimento gera motivação e faz com que o colaborador demonstre maior disposição, garra, vontade de participar, em conjunto ou individualmente. O ser humano é capaz de sentir, de vibrar, de motivar-se e se desmotivar. Tudo depende da forma como é incitado e de que formas são propostos novos desafios para ele.

Sendo assim, percebemos como é difícil gerenciar as pessoas. Faz-se necessário driblar essas particularidades que podem ser desmotivadoras para os colaboradores, transformando-as em estímulo para que o trabalho seja harmonioso e lucrativo.

O grande desafio é conseguir motivar os colaboradores, incentivá-los e fazer com que seus objetivos estejam de acordo com os objetivos da empresa, para que, além de ser o seu sustento, o trabalho seja seu grande prazer. Dessa forma, buscaremos demonstrar que o gerenciamento de pessoas é um sustentáculo para que as empresas possam gerar lucros e, dessa forma, cumprir com sua função social.

Indicações culturais

1. Para melhor compreender a época em que a administração de empresas se tornou uma ciência e o cenário que a originou, assista ao filme *Tempos modernos*, de Charles Chaplin.

TEMPOS modernos. Direção: Charles Chaplin. Produção: Charles Chaplin. EUA: Modern Films, 1936. 87 min.

2. Pesquise sobre a biografia de Peter Drucker, considerado "pai da administração moderna", que foi responsável por vários conceitos teóricos estudados neste livro. Conhecer sua biografia é necessário pois os modernos gestores devem tê-lo como modelo.

3. Leia o livro *O monge e o executivo*, de James Hunter, e, em seguida, a obra *Como se tornar um líder servidor*, do mesmo autor. Esses dois livros demonstram a importância da liderança e as virtudes pessoais que tornam as pessoas em verdadeiros líderes.

HUNTER, J. **O monge e o executivo**. Rio de Janeiro: Sextante, 2006.

_____. **Como se tornar um líder servidor**. Rio de Janeiro: Sextante, 2006.

Bibliografia comentada

CHIAVENATO, I. **Introdução à teoria geral da administração**. 6. ed. Rio de Janeiro: Campus, 2000.

Essa obra é bastante didática e por isso é uma das mais utilizadas em todas as escolas de administração do Brasil. Com uma linguagem simplificada e bastante ilustrada com exemplos da atualidade, o autor demonstra a evolução dos estudos administrativos e seus impactos nas modernas técnicas de gestão.

Trata-se de uma recomendação fundamental para os administradores e para profissionais de várias outras áreas.

KAPLAN, R.; NORTON, D. **Mapas estratégicos**: Balanced Scorecard – convertendo ativos intangíveis em resultados tangíveis. Rio de Janeiro: Elsevier, 2004.

Essa obra demonstra de que forma é possível operacionalizar a estratégia dentro de quatro perspectivas organizacionais – financeira, clientes, interna e de pessoas. Esse livro ensina a criar indicadores tangíveis e intangíveis para a busca da mensuração da *performance* organizacional.

Síntese

A gestão nas organizações é o que distancia as organizações que são prósperas e lucrativas daquelas que não conseguirão sobreviver no mercado e engrossarão as estatísticas sobre o volume de falência de empresas em nosso país.

A busca por mais produtividade e qualidade nos processos, produtos e serviços impulsionou teóricos, pesquisadores e empresários a pesquisar e desenvolver ferramentas que se tornariam indispensáveis para o cotidiano de gestores e organizações.

Entre eles podemos citar Frederick Taylor, Henri Fayol, Elton Mayo, Peter Drucker, além dos contemporâneos Kaplan e Norton, que propuseram a ferramenta que se tornaria imprescindível na busca da máxima produtividade: o *Balanced Scorecard* (BSC).

Essa ferramenta nos faz pensar que não devemos apenas nos pautar nos indicadores financeiros das organizações, os quais são expressos pelo faturamento, porcentuais e demais números que são facilmente vistos como indicadores.

O BSC propõe que devemos criar indicadores e metas para o que os autores chamam de *ativos intangíveis*, ou seja, buscar resultados da gestão dos clientes, dos processos internos organizacionais e das questões relativas às pessoas, que os autores chamam de *aprendizado* e *crescimento*.

Assim, podemos concluir que o pensamento administrativo evolui à medida que as demandas ambientais pressionam as organizações, e as respostas a tais demandas são dadas pelos gestores que se apoiam na teoria das organizações e nos modelos contemporâneos de gestão aplicados no cotidiano empresarial.

Referências

AKTOUF, O. **A administração entre a tradição e a renovação**. São Paulo: Atlas, 1996.

ANDRADE, R. O. B. de. **Teoria geral da administração**. Rio de Janeiro: Elsevier, 2009.

ANDRADE, R. O. B.; TACHIWA, T. D.; CARVALHO, A. B. **Gestão ambiental**: enfoque estratégico aplicado ao desenvolvimento sustentável. São Paulo: Makron Books, 2000.

ANGELONI, M. T.; MUSSI, C. C. **Estratégia**: formulação, implementação e avaliação – o desafio das organizações contemporâneas. São Paulo: Saraiva, 2008.

BEKIN, S. F. **Endomarketing**: como praticá-lo com sucesso. São Paulo: Prentice Hall, 2004.

BIO, S. R. **Sistemas de informação**: um enfoque gerencial. São Paulo: Atlas, 1996.

BISSOLI, M. A. M. A. **Planejamento turístico municipal com suporte em sistemas de informação**. São Paulo: Futura, 1999.

BOND, M. T. **Administração de recursos humanos**. Curitiba: Ibpex, 2004.

CHANLAT, J. F. **Ciências sociais e management**: reconciliando o econômico e o social. São Paulo: Atlas, 2000.

CHIAVENATO, I. **Recursos humanos**. 4. ed. São Paulo, Atlas, 1997.

_____.**Gestão de pessoas**: o novo papel dos recursos humanos nas organizações. Rio de Janeiro: Elsevier, 1999.

_____.**Introdução à teoria geral da administração**. 3. ed. Rio de Janeiro: Elsevier, 2004.

CLEGG, S. R.; HARDY, C.; NORD, W. R. **Handbook de estudos organizacionais**. São Paulo: Atlas, 1999. v. 1.

CRUZ, T. **Sistemas de informações gerenciais**: tecnologia da informação e a empresa do século XXI. São Paulo: Atlas, 1998.

FAYOL, H. **General and industrial management**. London: Pitman, 1949.

GAITHER, N.; FRAZIER, G. **Administração da produção e operações** 8. ed. São Paulo: Pioneira Thompson Learning, 2002.

KAPLAN, R.; NORTON, D. **Mapas estratégicos**: Balanced Scorecard – convertendo ativos intangíveis em resultados tangíveis. Rio de Janeiro: Elsevier, 2004.

MAXIMIANO, A. C. A. **Introdução à administração**. 5. ed. São Paulo: Atlas, 2000.

MONTANA, P. J. **Administração**. São Paulo: Saraiva, 1998.

PEREIRA, M. A. **Gestão estratégica e BSC**: Balanced Scorecard. Disponível em: <htp://www.marco.eng.br>. Acesso em: 23 mar. 2011.

REZENDE, D. A.; ABREU, A. F. de. **Tecnologia da informação aplicada a sistemas de informação empresariais**. São Paulo: Atlas, 2000.

SANDRONI, P. **Novíssimo dicionário de economia**. São Paulo: Best Seller, 2001.

SOUZA, A. M.; CORRÊA, M. V. M. **Turismo**: conceitos, definições e siglas. Manaus: Valer, 1998.

STADLER, A. **Gerenciamento econômico, técnico, administrativo e de pessoal**. Curitiba: Ibpex, 2004.

STADLER, A. et al. **Mecanismos de monitoramento ambiental**: um estudo de caso em uma empresa do setor hoteleiro. In: CONGRESSO INTERNACIONAL DE ADMINISTRAÇÃO, 2008, Ponta Grossa. **Anais**...

STAIR, R. M. **Princípios de sistemas de informação**: uma abordagem gerencial. 2. ed. Rio de Janeiro: LTC, 1998.

TACHIZAWA, T. **Gestão ambiental e responsabilidade social corporativa**: estratégias de negócios focadas na realidade brasileira. São Paulo: Atlas, 2002.

Segunda parte

Organizações e desenvolvimento sustentável

Marcos Rogério Maioli

Sobre o autor

Marcos Rogério Maioli é bacharel em Turismo (1997) pela Universidade Federal do Paraná (UFPR) e especializado em Planejamento e Gestão do Turismo e Sociologia Política pela mesma instituição. É doutorando em Desenvolvimento Sustentável pela Universidad de Málaga, Espanha, com a tese "Desenvolvimento sustentável do mercado de eventos no Brasil".

Atua como professor titular no Centro Universitário Uninter desde 2005, nos cursos de Turismo e Administração, nos quais gerencia o Laboratório de Eventos da referida instituição, que é responsável pela organização de eventos sociais e técnico-científicos promovidos pelas duas graduações. Atua também como membro do Comitê de Ética dessa instituição.

É professor de cursos de pós-graduação em MBA em Administração do Centro Universitário Uninter na modalidade EaD, lecionando nas disciplinas de Organizações e Desenvolvimento Sustentável e Estratégias de Desenvolvimento Sustentável. Ministra aulas no MBA em Gestão de Instituições de Ensino com a disciplina de Marketing Educacional, no MBA em Gestão e Direito Ambiental a disciplina de BioDireito e Ecodesenvolvimento. No Instituto Brasileiro de Pesquisa e Extensão (Ibpex), ministra a disciplina de Gestão de Eventos.

Oferece cursos de Marketing Turístico, Atendimento Turístico e Planejamento e Organização de Eventos para o Fundo de Amparo ao Trabalhador (FAT), para o Sindicado de Hotéis (Sindotel), Restaurantes, Bares e Similares de Curitiba e para outras empresas solicitantes.

Atua também como organizador de eventos independente em Curitiba.

Introdução

O conteúdo desta parte do livro foi pensado de forma a apresentar os conceitos de sustentabilidade, desenvolvimento sustentável e a sua aplicabilidade nas empresas.

Desenvolvimento sustentável é uma expressão em grande evidência. No entanto, ela está sendo utilizada de forma pouco criteriosa e indiscriminada por empresas e organizações públicas e privadas, dificultando a total compreensão e relevância por parte daquela população em geral.

A impressão que certas empresas passam, pelo menos as de grande visibilidade na mídia, é a de terem se tornado éticas, socialmente responsáveis, ecologicamente corretas e profundamente engajadas em causas sociais e ambientais. Em resumo, parece que essas empresas estão assumindo as responsabilidades por um futuro mais justo, melhor e mais promissor, procurando soluções para problemas da sociedade atual.

Isso nos leva a pensar sobre o que tem acontecido com as organizações. Por que de repente elas ficaram "boazinhas" e responsáveis? Como ocorreu essa mudança de pensamento e com qual finalidade? Será que as empresas só se mobilizam de modo a praticar ações social e ambientalmente justas sob pressão? São as pessoas que pressionam as empresas?

Procurando responder a essas e a várias outras questões, vamos apresentar e discutir os principais conceitos relacionados à sustentabilidade, o histórico e as realizações das organizações ditas *sustentáveis*. Vamos abordar o envolvimento das organizações não governamentais (ONGs), de organizações supranacionais, de empresas e de pessoas em busca de um futuro melhor e mais justo para todos.

1

Desenvolvimento sustentável

Este capítulo busca explanar o histórico, as teorias e os conceitos relacionados à forma de gerir a economia. Falaremos sobre os primeiros pesquisadores que se preocuparam com o meio ambiente e a forma como contribuíram para o nascimento do movimento ambientalista. Finalizando, trataremos sobre o nascimento das ONGs.

1.1

Histórico de sustentabilidade: autores e teorias

O estudo da sustentabilidade se deve à forma como o pensamento econômico foi concebido. Esse pensamento teve início com os filósofos gregos Aristóteles (384-322 a.C.), Platão (427-347 a.C.) e Xenofontes (430-335 a.C.), culminando no **mercantilismo**, no século XVI, período histórico que consideramos a primeira escola econômica e indicou o nascimento de um capitalismo ainda incipiente. Esse pensamento econômico direcionou seu foco para aglomeração de riquezas, geralmente sobre a forma de metais preciosos acumulados por um Estado, dando origem a estudos mais sofisticados sobre as relações entre a moedas e a economia.

Os estudos sobre o mercantilismo concluíram que mais potente e influente um país seria quanto maior fosse o seu acúmulo de metais valiosos. Esse pensamento acabou por fomentar guerras, aguçar o nacionalismo e provocou uma intervenção sistemática nos assuntos econômicos que já eram controlados vigorosamente pelo Estado.

Outra escola que gerou muito debate foi a **fisiocracia**, considerada a primeira escola de economia científica. Ela apregoava que o governo era desnecessário, pois as leis da natureza eram supremas, já que envolviam desde conceitos de medicina à economia, como é o caso da circulação, do fluxo, dos órgãos e das funções. Essa teoria afirmava que a monarquia era necessária somente como mediadora para que as leis naturais fossem exercidas, combatendo desde aquela época o excesso de regulamentação existente no mercantilismo.

Essa escola defendia que a riqueza era baseada nos bens produzidos com o auxílio da natureza, em atividades como agricultura, pesca e mineração, e afirmava que o número de pessoas envolvidas com comércio e finanças deveria ser o mínimo possível. Seu maior expoente foi o francês François Quesnay, autor da frase: "*Laissez faire, laissez passer*" ("Deixar fazer, deixar passar"). Ele também explicou o conceito de oferta e procura, afirmando que, quanto maior a procura, maior o preço e, quanto menor a procura, menor o preço. Quesnay (1694-1774) era um apaixonado defensor da liberdade de produção. Dizia que, quando se produz e se consome o necessário, existe uma estabilidade de preços e um equilíbrio econômico, termos que serviram de base para inúmeros estudos futuros.

Teoria do liberalismo econômico

Chegamos ao estudo da escola conhecida como *clássica*, cujo precursor foi o economista escocês **Adam Smith** (1723-1790), considerado o "pai da economia moderna". Em 1776, Smith publicou o livro intitulado *Uma pesquisa sobre a natureza e as causas da riqueza das nações*, no qual conseguiu, de uma forma coerente, aglutinar uma série de ideias que estavam dispersas em diversos estudos anteriores, tanto do mercantilismo quanto da fisiocracia, e formulou a teoria do liberalismo econômico, que na época era conhecida como *economia política*, expressão que foi substituída por *ciência econômica* por outros estudiosos a partir de 1870.

Essa teoria promulgou as condições do liberalismo econômico, no qual a prosperidade das nações seria determinada pelo trabalho humano, sendo o fundamental gerador de bens para uma nação, alterando a noção de riqueza, combatendo os monopólios (públicos ou privados) e defendendo a não intervenção do Estado na economia. A teoria limitava a interferência estatal somente à manutenção da ordem, do respeito à propriedade privada e da propagação da justiça, defendendo a liberdade de negociação de contratos entre patrões e empregados, a livre concorrência e o livre comércio entre os povos. O autor convencionou a divisão social do trabalho, na qual distinguiu três classes: o operariado, os capitalistas e os proprietários de terras.

Em uma de suas metáforas, Smith afirmava que a economia era conduzida pelas forças produtivas, a chamada *mão invisível*, que promovia um fim benéfico para todos, ainda que não de forma intencional, pois surgia dos conflitos existentes pelos choques de interesses. Predicava que o mercado se autorregulava através da competição e pela busca dos lucros pelas pessoas, gerando um acúmulo do capital, o qual, por sua vez, estimulava a produtividade e a riqueza.

Após a morte de Smith, inúmeros estudiosos ampliaram suas ideias: Jean-Baptiste Say (1767-1832), Thomas Malthus (1766-1834), David Ricardo (1772-1823) e John Stuart Mill (1806-1873).

Como a produção de riquezas é uma das áreas de interesse do sistema capitalista, o lucro, nesse contexto, é a meta de toda empresa, devendo ela, por meio dos mecanismos econômicos, decidir **o que**, **como** e **para quem produzir**: qual produto ou serviço deve ser feito ou prestado e para qual público e em que quantidade ou frequência para que satisfaçam aos desejos e às necessidades dos consumidores. A organização precisa também resolver como esses bens ou serviços ofertados devem ser distribuídos, quais as tecnologias e as matérias-primas devem ser utilizadas, como a produtividade pode ser melhorada com os recursos existentes, como redistribuir os rendimentos disponíveis, quem ganha mais e quem ganhará menos.

As organizações buscam atingir seus objetivos – lucro, maior participação no mercado, lançamento de novos produtos ou serviços, entre outros – com a utilização adequada e maximizada dos recursos disponíveis – matérias-primas, trabalho etc. – buscando a diferenciação das demais organizações, pois atualmente existe uma similaridade muito grande entre o que é ofertado.

A preocupação com o desenvolvimento sustentável tem um sentido lógico: o cumprimento de normas regulatórias ou leis e a pressão da sociedade. Ou ainda a empresa possui uma preocupação genuína com a maneira como os seus produtos e serviços são produzidos, desde a extração da natureza das matérias-primas necessárias até a forma como é produzido, distribuído e consumido e o que é feito com os resíduos de todo esse longo processo.

É verdade que existem empresas que se utilizam do desenvolvimento sustentável para fins de *marketing*, buscando somente repercussão sem prática efetiva. Mas existem também as que realmente têm uma preocupação correta sobre a forma como sua produção interfere no meio ambiente e nas comunidades circunvizinhas.

É importante frisarmos que não existe uma forma adequada de desenvolvimento que cause impacto zero. Isso não é crível: onde quer que o homem desenvolva alguma atividade, haverá algum tipo de impacto. O desenvolvimento sustentável procura fazer com que essa repercussão seja a menor possível e que seja reversível.

Ainda assim, a maneira como o planeta é explorado para manter nosso estilo de vida é preocupante: de forma gradativa ou acentuada, a exploração desenfreada de nosso mundo e de seus recursos está conduzindo-o (depende do ponto de vista dos diversos estudos realizados sobre o tema) à destruição do meio ambiente, à extinção de espécies, ao aniquilamento da biodiversidade, à acentuação das mudanças climáticas, à geração de poluição, que causa transtornos e doenças na população. Sem falar no acentuado crescimento populacional, que acarreta um consumo maior do que a natureza tem capacidade de se recuperar. O planeta não consegue mais conciliar a forma de exploração humana.

Teoria das populações

Um dos primeiros estudiosos a se preocupar com o problema do aumento da população mundial foi o inglês Thomas Malthus (1766-1834). O autor escreveu a *Teoria das populações*, livro que foi publicado em 1798 e revisto em 1803. A premissa básica dessa teoria é que a miséria e o mal-estar social são causados porque os meios de subsistência (principalmente alimentos) crescem em progressão aritmética (1, 2, 3, 4, 5...), ao passo que a população cresce em progressão geométrica (2, 4, 8, 16...).

Malthus propôs que somente poderiam ter filhos aqueles que pudessem criá-los, enquanto os pobres deveriam abster-se de praticar sexo, pois esse ato era contra a previdência social, o auxílio aos desditosos, a beneficência e a assistência à saúde dos pobres. Em caso da ausência de guerras, pestes, escassez de alimentos para causar grande mortandade às populações, a proliferação das pessoas conduziria, inevitavelmente, ao caos generalizado.

Esse pesquisador inglês cometeu um erro, pois criou uma teoria com base apenas em dados de sua época e não teve acesso aos mecanismos tecnológicos que possibilitaram o aumento significativo da produção de alimentos, que hoje supera em muito o crescimento populacional. Se atualmente existe o problema da fome em várias parte do mundo e no Brasil, tal fato é devido à má distribuição de alimentos, e não ao excesso de seres humanos que existem.

Com o passar do tempo, ficou claro que, com os subsídios científicos e tecnológicos de sua época, Malthus não poderia prever o futuro adequadamente, baseando sua teoria em dados da época. Seguramente, não tinha como saber da melhoria dos processos de produção de alimentos, que, com o uso correto de fertilizantes e posteriormente de defensivos agrícolas, fez com que a produção agrícola alcançasse grande produção, suficientemente grande para suprir de alimentos a população mundial crescente. Embora a população mundial tenha sido multiplicada várias vezes, ainda é possível suprir as necessidades de alimentos de forma adequada, graças ao fenômeno de diminuição significativa da população em países desenvolvidos e um refreamento da população em países subdesenvolvidos.

No Brasil, as taxas de natalidade têm diminuído significativamente nos últimos anos devido a fatores que eram desconhecidos por Malthus, como um maior grau de urbanização das cidades, aumento da oferta de vagas nas escolas para a população, inserção da mulher no mercado de trabalho, acesso a contraceptivos eficientes, além do custo de se ter vários filhos, que incentiva os casais a planejarem racionalmente suas famílias. O Instituto Brasileiro de Geografia e Estatística (IBGE) previa que, em 2043, a taxa de fecundidade seria de 1,8 filhos, mas esse número foi alcançado em 2008.

1.2
O nascimento da cultura ambientalista

Os avanços tecnológicos associados ao ganho de produtividade na agricultura e a produção em grande escala estão relacionados às novas técnicas agrícolas desenvolvidas, à seleção de espécies vegetais mais adaptáveis, à mecanização dos processos agrícolas, à monocultura, aos fertilizantes químicos e ao uso de pesticidas e herbicidas, entre outros. A chamada *revolução verde*[1], ocorrida no século XX, demonstrou de forma inequívoca que a produção de alimentos superou com folga a de alimentos por parte da humanidade.

Os pesticidas contribuíram para o aumento da produção agrícola. Eles são conhecidos desde a Antiguidade e consistem em produtos naturais ou desenvolvidos em laboratórios, sendo utilizados para matar "pestes", organismos nocivos ao homem, aos animais ou às plantas. Usamos fungicidas para matar fungos, herbicidas para matar ervas daninhas e outras plantas nocivas ao cultivo agrícola, inseticidas para matar insetos, acaricidas para matar ácaros e aranhas etc.

---

[1] Revolução verde – aumento significativo da produção de alimentos, graças à melhoria das formas de produção com a utilização de fertilizantes químicos, pesticidas e herbicidas especialmente criados para auxiliar na eliminação de pragas e na seleção de vegetais produtores mais adaptáveis.

O princípio de um pesticida é que ele mata um determinado organismo, e não outro, como é o caso dos inseticidas que matam insetos, mas não plantas e animais. O mais famoso pesticida já desenvolvido é o diclorodifeniltricloroetano (DDT), desenvolvido em 1874. Não teve nenhuma utilidade prática conhecida até que o químico suíço Paul Müller, em 1941, demonstrou sua eficácia mortal contra uma série de insetos, entre eles os causadores da malária, do tifo, da dengue e vários outros organismos – pestes – que causavam prejuízos às lavouras (D'Amato, Torres, Malm, 2002).

O custo do DDT era relativamente barato e o seu uso generalizado se propagou, pois era considerado o pesticida perfeito, sendo apelidado de "salva-vidas", já que aparentemente não era prejudicial à saúde humana. Graças a essa eficiência, Paul Müller ganhou o Nobel de Medicina em 1948.

O problema é que o DDT é um composto orgânico (o que significa que possui carbono em sua fórmula) insolúvel em água e lipossolúvel em outros compostos orgânicos, como gorduras e óleos. Quando esse produto é aplicado em plantas, ele ali permanece e, mesmo sendo lavado, não sai na água. Quando essa planta é ingerida por algum animal ou pelo ser humano, o DDT se acumula na gordura desse animal e rapidamente chega ao topo da cadeia alimentar, o que em muitos casos é o próprio ser humano.

Esse inseticida e outros, chamados de *organoclorados* (que possuem cloro em sua forma), estão na relação dos poluentes orgânicos persistentes (POPs), os quais são compostos químicos orgânicos tóxicos e extremamente semelhantes aos compostos químicos dos seres vivos. Essas substâncias são facilmente absorvidas e ali permanecem sem serem percebidas como nocivas, acumulando-se no organismo, pois são de difícil execração.

O estudo mais aprofundado desse pesticida indica que ele era o principal causador de uma série de doenças nos seres humanos, como defeitos congênitos, doenças hepáticas, cancro, problemas no sistema nervoso central e periférico, imunológico, endócrino e reprodutivo.

O acúmulo de DDT nos animais causa sérias alterações no metabolismo, no caso dos mamíferos, transforma-se em DDE – 2,2-bis (p-clorofenil) 1,1-dichloroethileno. Esse composto é solúvel em leite, o que ocasionou um novo problema: bebês estavam sendo contaminados com o leite de suas mães, que haviam consumido o composto, ou mesmo com leite de vaca, ingerindo altas doses do produto químico. Além disso, o DDE, quando metabolizado com outro produtos químicos no organismo humano, é capaz de provocar mudanças no DNA.

Mais um problema causado pelo DDT: ele eliminava todos os insetos. Sabemos que quase 90% dos insetos não causam transtornos ao homem, portanto, a eliminação de todos causaria impactos ecológicos significativos relacionados principalmente à reprodução vegetal.

Principais expoentes da cultura ambientalista

O uso dos pesticidas químicos foi questionado por **Rachel Carson** (1907-1964), bióloga marinha norte-americana, principalmente no seu livro *Primavera silenciosa* (*Silent Spring*), de 1962. A obra provocou polêmica pois se pensava que o DDT era a solução de inúmeros problemas, seu conceito no mercado era elevado e seu criador ganhara o Nobel anos antes.

Carson tinha acesso a inúmeros estudos que foram realizados sobre a aplicação do DDT e escreveu uma série de artigos sobre os testes que eram realizados com esse pesticida, mas não conseguiu publicá-los. Em 1958, a bióloga teve conhecimento de um caso de grande mortalidade de pássaros que estava ocorrendo em Cape Cod, no Estado de Massachusetts, nos Estados Unidos, devido ao uso indiscriminado do composto.

O livro demonstra que o DDT se acumulava ao longo da cadeia alimentar e que, quando aplicado em uma lavoura, por exemplo, mata insetos durante muito tempo depois da aplicação e que, por não ser solúvel em água, é direcionado para rios e lagos quando chovia.

A bióloga foi duramente atacada pela indústria dos pesticidas, que questionava sua integridade e, inclusive, sua sanidade, mas o livro foi cuidadosamente munido de dados e evidências concretas. Depois de inúmeros debates no Congresso americano, o uso de DDT foi proibido nos Estados Unidos, mas não a produção do composto. Até hoje é possível encontrá-lo a venda – ilegal – no Paraguai.

Carson despertou nas pessoas a consciência de que seres humanos e animais estão interligados, de que a destruição de uma espécie pode levar as demais ao colapso e de que a simbiose (quando dois organismos de diferentes espécies vivem próximos ou juntos procurando o benefício mútuo) era necessária e benéfica a transposição de um paradigma. Para Carson (2010, grifo nosso), "**em vez de os defensores da natureza terem de provar que os produtos eram prejudicais, foram os fabricantes que passaram a ter a obrigação de provar que seus produtos são seguros**".

Ou seja, as empresas devem comprovar que seus produtos e serviços não causam mal aos consumidores nem ao meio ambiente.

A conscientização do público de que a interação do homem com a natureza tinha de ser feita de uma forma mais harmoniosa ou, como conhecemos hoje, mais sustentável, e de que a produção industrial estava ocasionando inúmeros danos à saúde e ao futuro do planeta fez com que inúmeras leis fossem criadas e tratados fossem estabelecidos. Um fato ao qual não é dedicado muita atenção é que a eficiência dos pesticidas é rapidamente suplantada pelas mutações que os insetos sofrem e que atualmente não causam efeito nos insetos eficazes no passado.

O DDT foi banido de inúmeros países já na década de 1970 e do Brasil em 1985. Em 2001 foi assinado o Tratado Internacional da Convenção de Estocolmo sobre os POPs. Mas até hoje existem defensores do uso do DDT contra a malária.

Rachel Carson, durante uma entrevista para o um documentário da CBS – rede de TV norte-americana –, afirmou: "Sei que ajudei pouco o meio ambiente. Afinal, não seria muito realista pensar que um livro poderia mudar algo no mundo". Como será que Rachel se sentiria hoje se soubesse que ela, juntamente com o biólogo francês René Dubos, são considerados os precursores do movimento ambientalista mundial?

> Verifique outros problemas causados pelo uso dos inseticidas e os 12 POPs mais tóxicos do mundo listados pelo Programa das Nações Unidas para o Meio Ambiente (Pnuma) e aqueles que ainda estão presentes no comércio do Brasil no *site* da Associação de Combate aos Poluentes (ACPO)[2].

René Jules Dubos (1901-1982), biólogo microbiologista francês com cidadania americana, atuou na descoberta de inúmeras enzimas que auxiliaram o desenvolvimento de inúmeros antibióticos que ajudaram na criação da vacina do Bacilo Calmette-Guérin (BCG), que combate a tuberculose. Dubos reformulou a teoria do aparecimento de doenças com a inserção de um novo tópico: o meio ambiente. Por ser microbiologista, compreendia como ninguém a interação existente entre os micróbios e o ser humano e com o tempo passou do micro para o macro, estudando a interação entre aquele e o planeta Terra.

Pensador preocupado com a forma com que a população vinha tratando o meio ambiente, Dubos era extremamente otimista em relação ao futuro e acreditava que o homem conseguiria solucionar os problemas existentes, pensamento que deu origem ao movimento conhecido como *cornucopiano*[3], que defendia que o ser humano, diante de dificuldades, sempre encontra um meio ou uma nova tecnologia que auxilia na resolução dos problemas decorrentes do desenvolvimento desenfreado e do aumento impactante da população.

Devido à sua ampla visão, Dubos foi escolhido junto com Barbara Ward para redigir o Relatório da Primeira Conferência das Nações

---

2 Disponível no seguinte *link*: <http://www.acpo.org.br>. Acesso em: 16 abr. 2011.

3 Palavra derivada de cornucópia, que, segundo Carr-Gomm, no *Dicionário de símbolos na arte* é definido como "mítico chifre da fartura, que transborda de flores, frutos e grãos. Uma das versões era que a cornucópia era o chifre da cabra Amaltéia que amamentou Júpiter (Zeus na mitologia grega). Em outra versão da origem da cornucópia, entre os doze trabalhos de Hércules (Héracles, na mitologia grega), este teve de lutar contra Aqueloo na forma de um touro e arrancou-lhe um chifre, mas as Náiades o encheram de frutas e flores perfumadas e o santificaram. Símbolo da generosidade, pode ser apresentado com personificação da abundância, da Europa, da Paz ou com a deusa Ceres".

Unidas para o Meio Ambiente, realizada em 1972, em Estocolmo, na Suécia. Eles escreveram juntos o livro *Uma Terra somente: a preservação de um pequeno planeta*, lançado em 1973.

Dubos, juntamente com Barbara Ward (1972), foi autor de várias frases que se tornaram mundialmente conhecidas, tais como: "Pense globalmente, aja localmente", "Tendência não é destino" "Muitas vezes é difícil manter a fé no destino do homem, mas é certamente uma atitude covarde desesperar dos fatos". O estudioso francêsa ainda é uma referência na defesa do meio ambiente e da aplicabilidade de novas tecnologias para resolver problemas ocasionados pelo ser humano, que deve respeitar sua interatividade com a natureza para que o homem perceba que não é um ser isolado dos demais seres vivos, mas vive em interdependência simbiótica com eles.

Igualmente preocupada com a situação do planeta, existe a ONG Clube de Roma, constituída de expoentes cientistas, estadistas, banqueiros, industriais e empresários de todo o mundo. Buscando analisar a situação mundial, a organização contratou em 1969 uma equipe de pesquisadores do Massachusetts Institute of Technology (MIT) para realizar uma pesquisa sobre o futuro do planeta. Essa previsão com soluções para o futuro foi publicada pela coordenadora da pesquisa, Donella Meadows, em 1972, com o nome de *Limites do crescimento*.

Esse foi um dos livros mais vendidos do mundo. Ele indicava que, no ritmo de crescimento apresentando em 1972, a humanidade corria sérios riscos para sua sobrevivência, já que estavam se esgotando os recursos naturais existentes devido ao aumento da população mundial, o que exigia uma produção e um consumo cada vez maior de energia e alimentos, o que, por sua vez, geraria mais poluição e desemprego.

Assim ressurgiu o **neomalthusianismo**, ressuscitando as questões propostas por Malthus 200 anos antes sobre um amplo controle de natalidade no mundo. Esse novo movimento defendia, entre outras coisas, ações mais enérgicas para coibir a exploração e degradação desenfreadas do meio ambiente.

Em diversas ocasiões, os ambientalistas radicalizavam e pediam o fechamento de fábricas e a diminuição da economia para refrear a poluição do planeta.

Vários outros fatos contribuíram para o surgimento dos movimentos ambientalistas, principalmente alguns acidentes ambientais de grande repercussão: o *smog* (nevoeiro) causado pela poluição em Londres, na Inglaterra, que matou mais de 1.600 pessoas em 1952; a intoxicação de mercúrio ocorrida na baía de Minamata, no Japão, em 1956, causada pela poluição industrial lançada por mais de 40 anos e que causou inúmeras doenças na população local, que consumia peixes e frutos do mar da localidade. A poluição lançada é estimada em mais de 150 toneladas de mercúrio, não podendo ser removida. Ela encontra-se ativa, abaixo de uma camada de lodo, podendo, em um caso de grandes tempestades, terremotos ou tsunamis, voltar à superfície.

1.3

O surgimento das organizações não governamentais (ONGs)

A expressão *organização não governamental* (ONG) foi criada em 1945, pela ONU, para explicar as entidades que trabalham para o bem público sem pertencerem a empresas ou governos.

São conhecidas como o *terceiro setor* e, embora sejam extremamente criticadas por alguns, elas conseguem alcançar popularidade, como é o caso do Greenpeace e da World Wildlife Fund (WWF, Fundo Mundial da Natureza, em português), que se sobressaem entre outras organizações por conseguirem a adesão mundial em torno de causas ambientais. Essas ONGs gerenciam vastos recursos financeiros que são doados por entidades e pessoas de todo o mundo e têm sua atuação como alvo de críticas, como no caso das ações espetaculares retratadas pela mídia, como as que integrantes dessas ONGs enfrentam baleeiros japoneses ou penduram faixa no Cristo Redentor, no Rio de Janeiro.

No Brasil, existem diversas ONGs. As mais importantes são o Instituto Brasileiro de Análises Sociais e Econômicas (Ibase), que divulga um balanço social das empresas; o Instituto Ethos, que fortaleceu o conceito ético nas empresas; o Instituto de Defesa do Consumidor (Idec), que defende o consumidor junto a empresas e organizações públicas e privadas; a Fundação Abrinq, que busca a erradicação do trabalho infantil no país, e o Centro Empresarial Brasileiro para o Desenvolvimento Sustentável (CEBDS), que auxilia as empresas a desenvolverem seus produtos e serviços de forma sustentável.

2

Resultados da Rio-92, ecocídio e problemas ambientais

Este capítulo trata dos principais eventos que foram promovidos pela ONU no debate sobre o meio ambiente. Apresentaremos também os conceitos de sustentabilidade e a forma como o agravamento dos problemas ambientais no mundo contribuiu para que as autoridades mundiais começassem a discutir o tema. Falaremos também da Conferência Rio-92 e seus principais resultados, que foram a Agenda 21, os Protocolos de Kyoto e de Cartagena.

Finalizaremos apresentando o conceito de **ecocídio** e os principais problemas ambientais que afetam nosso cotidiano.

2.1

Principais eventos promovidos pela ONU

A consecução de problemas ambientais ocasionados pela forma como o homem explora a Terra e a pressão de grupos ambientalistas acabaram persuadindo a ONU a convocar uma série de conferências internacionais para tratar da questão, como é o caso da Conferência da Biosfera realizada em 1968, em Paris, França, e que foi organizada pela Organização das Nações Unidas para a Educação, a Ciência e a Cultura (Unesco), dando início a um debate internacional sobre o meio ambiente.

Outro evento foi a Primeira Conferência das Nações Unidas para o Meio Ambiente e Desenvolvimento Humano realizada em 1972, em Estocolmo, na Suécia, reunindo 250 ONGs e 113 países em um grande embate entre nações desenvolvidas e emergentes, como era o caso do Brasil, que liderou um grupo de 77 países para, segundo Almeida (2002), defender os seguintes princípios:

- Para os países em desenvolvimento, o melhor instrumento para melhorar o ambiente e combater a poluição é o desenvolvimento econômico e social.

- O desenvolvimento e o meio ambiente, longe de serem conceitos antagônicos, completam-se.

- O Brasil defende intransigentemente a política da soberania nacional, no que se relaciona com o aproveitamento dos recursos naturais, e acha que os problemas ambientais são, na maioria, de âmbito nacional.

- Como a poluição industrial é provocada principalmente pelos países desenvolvidos, compete a esses países o maior ônus na luta contra esse problema.

Segundo Viola (1991, p. 41), o presidente da comitiva brasileira, Costa Cavalcanti, estendeu uma faixa em que se via: "Bem-vindos à poluição, estamos abertos a ela. O Brasil é um país que não tem restrições, temos várias cidades que receberiam de braços abertos a sua poluição, porque nós queremos empregos, dólares para o nosso desenvolvimento".

Lago (2007, p. 106) destaca o comentário da primeira-ministra da Índia, Indira Ghandi, que afirmou que "a pobreza é a maior das poluições". Temos de recordar que nessa época era crível que os problemas ambientais eram todos originários da pobreza e que solucionar os problemas de saúde, habitação, segurança alimentar, fornecimento de água e esgoto era prioritário em relação à poluição.

O Brasil estava vivendo seu milagre econômico e não tinha interesse em diminuir suas exportações, preconizando seu direito de crescer, mesmo à custa da poluição. Nosso país e os demais queriam repetir o que as nações desenvolvidas já haviam feito: crescimento a custa do seu meio ambiente.

Apesar do impasse, foi aprovada a Declaração sobre o Ambiente Humano, com 110 recomendações, as quais propunham formas de gerir as questões ambientais no mundo. Essa declaração possui 26 princípios, sendo o mais destacado o de número 21, o qual garante a soberania dos países em gerir e explorar seus recursos naturais dentro de suas políticas ambientais, desde que tal exploração não prejudique outros países ou zonas situadas fora de suas jurisdições nacionais.

2.2
Conceitos de sustentabilidade

Em 1973, Maurice Strong e Ignacy Sachs formularam o conceito de **ecodesenvolvimento** (Sachs, 1986), com o qual defendiam outra forma de desenvolvimento além da utilizada até então. Ele contemplaria três fatores: economia, meio ambiente e social.

O ecodesenvolvimento foi discutido amplamente e, a pedido da ONU, foi formada uma comissão de 40 especialistas de todo o mundo para examinar os impactos no meio ambiente ocasionados pelos seres humanos e suas consequências para o futuro da humanidade.

O resultado foi um relatório publicado em 1987 pela **Comissão Mundial sobre Meio Ambiente e Desenvolvimento** (Cmmad) chamado *Nosso futuro comum*, mais conhecido como *Relatório Brundtland para o desenvolvimento sustentável*, no qual foi definido *desenvolvimento sustentável* como "o processo de desenvolvimento que permite às gerações atuais satisfazerem as suas necessidades sem colocar em perigo a satisfação das necessidades das gerações futuras" (ONU, 1998).

A comissão afirma que o desenvolvimento sustentável "é um processo de transformação na qual a exploração dos recursos, a direção dos investimentos, a orientação do desenvolvimento tecnológico e a mudança institucional se harmonizam e reforçam o potencial presente e futuro, a atender às necessidades e aspirações humanas" (ONU, 1998).

No que diz respeito ao conhecido tripé do desenvolvimento sustentável – economia, sociedade e ambiente –, definições de outros autores divergem pouco do postulado anteriormente. Embora tenhamos nos centrado principalmente no meio ambiente, é relevante lembrar que a sustentabilidade não existe em um vácuo, pois ela está interligada diretamente a questões sociais e econômicas, sem as quais não faria sentido.

A contextualização indicada pela Comissão Brundtland explicita que, se a preocupação for direcionada somente a um dos lados do desenvolvimento sustentável, as demais perspectivas do tripé serão prejudicadas e apenas com a interligação das necessidades desses três fatores a aplicabilidade da sustentabilidade será adequadamente conclusiva.

2.3
Agravamento dos problemas ambientais

Em 1976, ocorreu em Seveso, Itália, uma das maiores tragédias ecológicas do mundo, quando 1.800 hectares de terra foram afetados por dioxina (solvente orgânico tóxico e cancerígeno). Foram contaminados 30 mil moradores, 75 mil animais morreram ou foram abatidos e o solo teve de ser removido. A dioxina é altamente tóxica – é mil vezes mais nociva que o cianeto de potássio; 200 gramas da substância dissolvidos em água podem matar um milhão de pessoas.

Os acidentes nucleares em Three Mile Island, nos Estados Unidos, em 1979, e em Chernobyl, na antiga União Soviética, em 1986, provocaram a morte de centenas de pessoas e trouxeram consequências que duram até os dias de hoje.

Em 1984, aconteceu o pior desastre químico da história da humanidade, em Bhopal, na Índia. Quarenta toneladas de gases tóxicos conhecidos como *isocianato de metila* e *hidrocianeto* vazaram da indústria Union Carbide Corporation. Estima-se que apenas na primeira semana 8 mil pessoas morreram. A empresa abandonou o país e pagou, por meio do seu novo dono, a Dow Química, ao governo da Índia uma indenização irrisória. Estima-se que existem mais de 150 mil pessoas que continuam a sofrer com doenças que foram provocadas pelo acidente.

2.4 Rio-92

Em 1992, aconteceu no Rio de Janeiro a Segunda Conferência das Nações Unidas sobre o Meio Ambiente e Desenvolvimento, na qual 178 países se reuniram e debateram sobre o meio ambiente e propuseram uma série de convenções e tratados para tentar resolver o problema ocasionado pela exploração desenfreada dos recursos naturais e pelo aumento da poluição.

O objetivo dessa conferência era examinar a situação ambiental mundial desde 1972 e o que ocorrera desde então, auxiliar a transferência de tecnologias não poluentes, principalmente para países desenvolvidos e emergentes conhecerem as diversas estratégias que foram congregadas nos processos de desenvolvimento nacionais e internacionais, buscar o estabelecimento de um sistema cooperativo internacional para socorro em emergências e na previsão de novas ameaças ambientais e para a reavaliação dos organismos da ONU responsáveis pelo meio ambiente e sua capacidade de fazer cumprir as decisões tomadas.

Essa conferência teve uma conotação política e social muito mais relevante que sua edição anterior, resultando nas seguintes declarações do Rio de Janeiro sobre o meio ambiente e o desenvolvimento: Declaração de Princípios sobre Florestas, Convenção sobre Mudanças Climáticas, Convenção da Biodiversidade, Agenda 21 e a Carta da Terra.

No estudo desta obra, focalizaremos nossa atenção sobre o documento conhecido como *Agenda 21*.

Agenda 21

A Agenda 21 é um dos mais importantes documentos resultantes da Rio-92. Ela indica uma série de compromissos e metas de curto, médio e longo prazos que deverão ser adotados e cumpridos. Firmada por 179 chefes de Estado e de governo, propõe uma variedade de indicações plausíveis a serem seguidas, buscando indicar de forma sólida, gradual e negociada mudanças nos processos utilizados para o desenvolvimento mundial.

A Agenda 21 foi um plano de ação desenvolvido para ser utilizado em escala global, nacional e local pela sociedade como um todo (governos, agências supranacionais, sociedade civil etc.), buscando de forma equânime a sustentabilidade dessas sociedades com o meio em que estão inseridas, administrando seus recursos de forma equilibrada para que o desenvolvimento chegue a todos, estimulando a formulação de políticas públicas que contribuam para a melhoria da qualidade de vida de todos.

O Brasil passou, graças à Agenda 21, por uma série de ações que buscavam resgatar a forma de o país se auto-organizar. Começou com uma ampla discussão na sociedade civil, na qual foram realizadas entrevistas com 40 mil brasileiros e contemplou a participação das minorias sociais e daqueles que possuem o poder no Brasil. Através do debate, foram propostas soluções para o futuro sustentável de todos, visando contribuir para a criação de um novo modelo de desenvolvimento mundial.

Segundo o Ministério do Meio Ambiente, a Agenda 21 local deve ser implantada pelo país signatário do documento. No Brasil, a Agenda 21 local é coordenada pela Comissão de Políticas de Desenvolvimento Sustentável (CPDS), da qual participam o Ministério do Meio Ambiente, do Orçamento e Gestão, da Ciência e Tecnologia, das Relações Exteriores, de Projetos Especiais, bem como a Câmara de Políticas Sociais da Casa Civil, o Fórum Brasileiro de ONGs e Movimentos Sociais para o Meio Ambiente, a Fundação Onda Azul, o Conselho Empresarial para o Desenvolvimento Sustentável, a Universidade Federal de Minas Gerais e a Fundação Getulio Vargas.

Esse trabalho começou em 2003 e, a partir de 2004, passou a fazer parte do Plano Plurianual (PPA) 2004-2007, no qual serviu de base para algumas ações, como o auxílio na elaboração dos planos diretores de municípios e a indicação de prioridades para os orçamentos municipais.

A faceta mais conhecida da Agenda 21 são as **oito feitos de mudar o mundo**, definidos pela Declaração do Milênio, aprovada pela ONU em 2000 e assinada pelos 189 países-membros. Com essas oito maneiras, as ações signatárias assumiram o compromisso de dar sustentabilidade ao planeta com uma série de atos concretos que devem ser atingidos até o ano de 2015. São elas:

1. acabar com a fome e a miséria;
2. educação básica e de qualidade para todos;
3. igualdade entre sexos e valorização da mulher;
4. reduzir a mortalidade infantil;
5. melhorar a saúde das gestantes;
6. combater a aids, a malária e outras doenças;
7. qualidade de vida e respeito ao meio ambiente;
8. todo mundo trabalhando pelo desenvolvimento.

Protocolos resultantes da Rio-92

Protocolo de Kyoto – Resultado de uma conferência sobre mudanças climáticas organizada em Kyoto, no Japão, em 1997, em que ficou estabelecido que os países industrializados deveriam reduzir a emissão de gás carbônico para diminuir o efeito estufa, devendo chegar em 2012 com níveis 5,2% inferiores a de 1990.

Esse documento foi boicotado pelos Estados Unidos, que é o maior poluidor mundial, com 35% de todas as emissões, somente sendo implementado em 2004, quando a Rússia assinou o referido protocolo, depois de utilizar a assinatura como meio de entrada na Organização Mundial do Comércio (OMC).

O Protocolo de Kyoto foi assinado por 180 países e tem dado preferência à utilização de energias renováveis limpas, evitando a energia nuclear e definindo regras para o comércio de emissões de carbono, o chamado *crédito de carbono*.

Protocolo de Cartagena – É o protocolo de biossegurança que entrou em vigor em 2003. Trata do movimento dos transgênicos entre os países, assegurando que a manipulação de organismos vivos pela biotecnologia não cause efeitos danosos à diversidade ambiental e à saúde do ser humano.

Reconhecendo que o comércio é necessário para o desenvolvimento dos povos e que o transporte de mercadorias entre os países pode levar organismos nocivos consigo, esse protocolo propõe uma série de regras aos organismos transgênicos. No Brasil, entrou em vigor em 2004.

Essa conferência discutiu a pobreza, relevância global, fato que redundou na promessa dos países ricos em aumentar percentualmente a ajuda aos países mais pobres.

A pressão exercida pelos consumidores e investidores, que passaremos a chamar de *stakeholders* a partir de agora, fez com que empresas buscassem um comportamento adequado ao desenvolvimento sustentável com uma gestão socialmente responsável e ecologicamente correto, ocasionado o surgimento de certificações e relatórios de sustentabilidade.

Empresas podem se tornar os pilares de comunidades, contribuindo para a formulação de políticas e programas de governo, cumprindo a legislação existente, atendendo à demanda de seus *stakeholders* e gerando lucro, fatores que, como preconizava Adam Smith, traz benefícios para todos (Economics 3113, 2011).

2.5

Ecocídio[1]

O termo *ecocídio* é utilizado quando uma população usa em demasia seus recursos naturais até que eles se findem e, por consequência, não conseguem mais manter o seu padrão de vida em sociedade, podendo chegar à extinção. Temos vários exemplos contundentes de várias civilizações que desapareceram, deixando vestígios fantásticos de sua existência, intrigando arqueólogos de todo o mundo sobre os motivos do desaparecimento daquelas.

As mais recentes pesquisas arqueológicas sobre o tema têm mostrado conclusões estarrecedoras sobre o(s) motivo(s) do desaparecimento dessas sociedades.

Os **maias** eram um povo extremamente profícuo em realizações: construíram grandes cidades, com pirâmides fabulosas e canais de irrigação, tinham um calendário extremamente eficiente e conheciam a utilização do número zero, surpreendendo os espanhóis, que, quando chegaram ao Novo Mundo, encontraram civilizações extremamente avançadas.

Essa civilização vivia onde atualmente estão situados Guatemala, Belize e parte do México e dominava outros povos da região. Existiu durante seis séculos, no chamado *Período Clássico,* e foi muito poderosa, mas entre os séculos VIII e IX entrou em franca decadência.

As teorias mais aceitas indicam que, devido à derrubada maciça de árvores e ao aumento desordenado da população, houve erosões que levaram a fertilidade das terras cultiváveis, seguidas de uma seca prolongada e um aumento da temperatura em até 6 °C que ocasionaram a falta de alimentos, levando a civilização à guerra, ao colapso e à consequente fuga da população para outras regiões. A partir do século XV, o território maia foi anexado pelos Astecas

---

1   Esta seção foi escrita com base na obra *Collapse: how the societies choose to fail or succeed* (Diamond, 2005).

em seu processo de expansão territorial e suas cidades maias foram engolidas pela floresta novamente, sendo "redescobertas" somente no século XIX.

Os **khmer**, povo que vivia onde hoje se situa o Camboja, no Sudeste Asiático, construiu o maior complexo de templos do mundo, com quase 400 km² de área, abrangendo mais de mil templos, canais de irrigação, lagos e florestas.

No século IX, com a subida da dinastia Angkor, o reino dos *khmer* foi unificado e a capital foi estabelecida na região de Angkor, onde foram construídos inúmeros templos, como Angkor Vat, Angkor Thom e o Templo de Bayon. Era um reino muito poderoso: comercializavam com indianos e chineses e as mulheres tinham posição de destaque.

Segundo alguns arqueólogos, os campos tinham condições de alimentar mais de 500 mil pessoas, mas, devido ao desgaste do solo e à falta de chuvas, a economia *khmer* entrou em colapso, levando ao seu enfraquecimento. Foi finalmente conquistada por exércitos estrangeiros – vietnamitas e tailandeses – e, em 1431, foi saqueada por estes últimos; Angkor foi abandonada e a capital mudou-se para Phonom Pehn, em 1434.

Merecem destaque também os **moches**, ou *mochicas*, que viviam no Noroeste do Peru. Eles construíram inúmeros templos, pirâmides de argila, mais de 900 km de canais de irrigação e cidades, guerreavam com vizinhos e praticavam uma religião baseada em sacrifícios humanos. Entre os séculos II a.C. e VII d.C., foram a força dominante da região, porém, em virtude de uma série de enchentes e uma seca prolongada de mais de 30 anos, a civilização *moche* desapareceu, deixando inúmeras ruínas e restos arqueológicos em tumbas – ver Senhor de Sipán – que destacam a importância da cultura ligada à metalurgia.

Outra tragédia ecológica está relacionada com os **rapa nui**, povo que habitava a Ilha de Páscoa, localizada no Oceano Pacífico, com 163 km², distante cerca de 3.600 km a oeste do litoral chileno e a 2 mil km da ilha mais próxima – Ilha de Pitcarin. Foi colonizada, segundo algumas provas arqueológicas, aproximadamente no ano 1000, por povos polinésios que se propagaram por inúmeras ilhas do Pacífico Sul. Contava com poucas árvores e tinha como destaque somente uma palmeira endêmica da ilha que cobria grandes extensões.

Devido ao solo vulcânico da ilha, a produtividade de alimentos era baixa, representados principalmente pela batata-doce e pela criação de galinhas – o mar em torno da ilha não é muito piscoso, sendo necessário buscar alimentos a grandes distâncias. A sociedade se desenvolveu e começou a se multiplicar (fala-se em mais de 15 mil pessoas na ilha que viviam em choupanas feitas de palmeiras).

Começaram a homenagear seus chefes mortos com a construção de grandes moais – estátuas gigantescas de pedras –, sendo necessários entre 50 a 500 homens para transportar as estátuas da base do vulcão até próximo à linha da praia.

Com o aumento da população, eles necessitaram de mais alimentos, abrindo grandes áreas da floresta de palmeiras para cultivo de vegetais. As palmeiras auxiliavam para segurar o solo no lugar, utilizada para fazer canoas, paredes e tetos das choupanas, transportar moais, além de ser servido como combustível para preparar golfinhos, e como alimento. Em outras palavras, a sociedade *rapa nui* estava baseada em um ambiente ecológico frágil e, embora não soubessem disso, estavam dizimando seu sustentáculo: a palmeira.

Quando se deram conta de que não existam mais palmeiras para o fornecimento de madeira, sua sociedade entrou em colapso, não sendo possível ir buscar ajuda em outras ilhas nem manter o seu padrão de vida com a utilização de palmeiras para confecção de canoas, casas e moais ou servir de combustível para fogo.

Esses problemas levaram essa civilização à fome e a guerras que dizimaram a população. Quando os europeus chegaram à ilha, encontraram uma sociedade em franca decadência, que foi acelerada pela introdução de doenças, animais estranhos – ratos – e escravidão.

O fato que chama a atenção para todos os casos aqui descritos é um fator em comum, a falta de uma utilização adequada dos recursos naturais por parte das civilizações citadas levou à exaustão dos meios de subsistência destas, ocasionando por um ou por outro motivo o desaparecimento desses povos.

Quando conhecemos as ruínas que nos foram legadas por essas civilizações, maravilhamo-nos pelas conquistas e pela engenhosidade – todos os exemplos aqui citados são considerados pela Unesco como patrimônios da humanidade – dessas sociedades, que não detinham os conhecimentos atuais da ciência e da tecnologia.

As ruínas são testemunhas vivas do poder, da riqueza e do empenho desses povos em promover seu estilo de vida, demonstrando o que de melhor e mais esplendoroso foi conseguido com o esforço organizado de muitos.

O exemplo dos povos que com poucas ferramentas conseguiram destruir seu *habitat* pode ser levado a uma escala global, pois hoje dispomos de inúmeras novas ferramentas para destruirmos tudo.

O que nos assusta é que o fator gerador do desaparecimento dessas civilizações não é suficiente e corremos o risco de a história se repetir mais uma vez, dessa vez em escala global. Será possível que um dia pessoas andarão pelas ruínas de nossas pontes, nossas rodovias, ferrovias, nossos canais de irrigação, pelos restos do Cristo Redentor, da Usina de Itaipu, dos Palácios de Brasília e se perguntarão: O que ocorreu com este povo, que realizou tantos e belos monumentos e simplesmente desapareceu?

Será que um dia vamos perceber que somos uma ilha na imensidão do universo e que temos uma responsabilidade para com este planeta? Que, se entrarmos em colapso – ou Juízo Final para alguns –, não temos para onde fugir? Não temos como buscar ajuda!

2.6

Principais problemas ambientais

Vejamos agora alguns dos principais problemas ambientais enfrentados atualmente.

Mudança climática, segundo a WWF, é outro nome para *aquecimento global,* que é decorrência do lançamento exagerado de gases do efeito estufa (GEEs) principalmente o dióxido de carbono (CO_2), na atmosfera, formando uma espécie de cobertor sobre a Terra que impede a saída de radiação solar contribuindo para o aumento da temperatura do planeta.

O aquecimento global está contribuindo para o desaparecimento de geleiras, que ocasiona o aumento dos oceanos, levando a mudanças das correntes marítimas, irregularidade de chuvas e secas no mundo inteiro, gerando problemas na agricultura, entre outros. O Painel Intergovernamental para Mudanças Climáticas (IPCC) informou em seu relatório de 2007 que ainda é possível reverter o processo de aquecimento global se diminuirmos entre 50% a 85% as emissões de CO_2 até 2050.

Crescimento populacional desordenado é outro problema ambiental: chegamos em 2009 a 6,8 bilhões de pessoas no planeta e a previsão para 2050 é de 9 bilhões. Embora a Terra tenha condições de sustentar essa população, não é distribuída de uma forma equânime, estando concentrada em países subdesenvolvidos que não conseguem oferecer condições de vida a esse contingente humano sempre crescente.

O crescimento demográfico mundial está relacionado com fatores positivos, associados à elevação das taxas de natalidade, que são fruto do progresso da medicina, da bioquímica, da urbanização, da melhoria das condições sanitárias, e fatores negativos, como a influência religiosa, a baixa escolaridade, a pobreza, entre outros.

Essa população geralmente está inserida em problemas relacionados à desnutrição, ao analfabetismo, às doenças, entre outros.

As **novas doenças** que causam **epidemias** – Machup Nipah, doença dos Legionários, Sars, aids – e o retorno de outras doenças, como dengue, febre amarela, doença de Chagas, são indicações do desequilíbrio existente entre os seres humanos e a natureza, refletindo o mundo atual, em que a mobilidade cada vez maior de pessoas e cargas coloca em contato pessoas com micro-organismos patogênicos capazes de causar doenças infecciosas.

A **superexploração** dos recursos faz parte do ser humano e traz um desequilíbrio entre a capacidade de recuperação das lavouras, pois consumimos cerca de 30% a mais do que a capacidade de produção. Segundo dados de 2008, existe uma exploração dos recursos marinhos, hídricos, florestais, entre outros que demonstra a tese que forma de produção existente não é mais possível de ser seguida, pois os recursos não são infinitos.

A **extinção de espécies** é um fato ocorrido em inúmeras ocasiões na história geológica da Terra e foram causadas por causas naturais ou desastres cósmicos. O que está acontecendo atualmente é que a interferência humana leva à extinção de inúmeras espécies, algumas delas ainda não estudadas pela ciência. Estudos da União Internacional para a Conservação da Natureza e dos Recursos Naturais (IUCN) afirmam que desde 1500 já foram confirmadas 784 extinções.

A espécie da ararinha azul, que é originária da caatinga baiana, sofreu com a destruição do seu *habitat* uma diminuição significativa de seu contingente hoje estimadao em 60 exemplares espalhados pelo mundo. O Instituto Brasileiro do Meio Ambiente (Ibama) considera a espécie extinta na natureza desde 2002.

A quantidade de **espécies ameaçadas de extinção** chega, no caso brasileiro, a 472 espécies, segundo relatório da Fundação Biodiversidade feito por encomenda do Ministério do Meio Ambiente. No mundo, acredita-se que até chegue a mais de 13 mil o número das espécies que estão em risco de extinção.

O caso do pau-brasil, do xaxim e do pinheiro-do-paraná são exemplos do que ocorre quando a exploração de uma espécie extrapola o limite razoável e não há uma preocupação com a recuperação dessa espécie através do plantio de novas mudas.

A **falta de água** é um problema mundial. A ONG Tearfund alerta: duas em cada três pessoas poderão ficar sem água em todo o mundo até 2025. Como a maior utilização de água é na agricultura – cerca de 70% –, a falta de água ocasionará um aumento do custo dos alimentos. O aumento da população, da urbanização e das novas necessidades básicas ocasionarão a escassez da água a um número cada vez maior de pessoas.

A **desigualdade** e a **pobreza** são frutos de uma sociedade desigual, em que há um desequilíbrio profundo na distribuição de riqueza. De acordo com Marx, a pobreza é produzida por sociedades capitalistas. Já para senso comum, a desigualdade é transmitida de geração a geração, falta de oportunidades ao indivíduo.

Apesar das controversas, existe uma série de soluções para o problema propostas por teóricos e políticos, alguns com subsídio de informações adequadas e estudos atualizados, outros baseados em suposições milagrosas e sem uma preparação adequada.

Acreditamos que alguns dos motivos causadores da desigualdade e da pobreza nos países (seguramente existem outros) estão relacionados à forma como os recursos naturais são utilizados e como a inferência política de outras nações nos destinos de um país contribui ou não para o seu desenvolvimento.

A inclusão social de milhões de pessoas passa por uma formulação de políticas adequadas, acesso ao crédito, oportunidades de crescimento graças ao acesso ao estudo, condições de saúde e sem dúvida a ambição pessoal e a busca em mudar o seu mundo.

Outros problemas, como **escassez de alimentos, desertificação, salinização do solo, destruição de florestas, aumento da poluição, introdução de novas espécies, concentração de produtos químicos no solo, erosão, falta de energia, despejo de esgoto nos oceanos**, são reais e estão contribuindo para a destruição do planeta.

3

Políticas públicas, índices, técnicas e instrumentos de gestão do desenvolvimento sustentável

Neste capítulo, trataremos dos conceitos de políticas públicas e políticas públicas ambientais e da origem da legislação ambiental brasileira e da contribuição da Constituição Brasileira de 1988 para esse tema. Apresentaremos também alguns dos principais índices utilizados pela ONU para medir o desenvolvimento humano e o Índice de Felicidade.

Também apresentaremos os instrumentos e as técnicas estratégicas utilizadas pelas organizações empresariais para fazer frente à demanda ambientalista, como é o caso dos selos verdes.

3.1

Políticas públicas

Nas últimas três décadas, tem se intensificado o debate sobre o desenvolvimento sustentável e o uso responsável do meio ambiente, prevendo-se as consequências de sua exploração e sobre a necessidade de implantação de políticas ambientais.

As políticas públicas são o resultado de ações de poder dentro do conceito de democracia. Podemos, de uma forma simplificada, definir que política pública é aquilo que o governo, dentro do prazo de validade do seu mandato político, decide ou não fazer. Podem ser planos e programas de ação governamental que objetivam solucionar determinado problema existente, nos quais algumas diretrizes e metas são buscadas ao longo de um período, cabendo ao governo assegurar os direitos fundamentais do cidadão que estão dispostos na Constituição e determinar ações que deverão ser elaboradas para a realização desta ou daquela política.

Enfim, as políticas públicas compreendem todas as propostas que um governo, por força de lei, planeja executar durante a correspondência de seu mandato, como é o caso de políticas públicas relacionadas a o meio ambiente e ao desenvolvimento sustentável.

O grande problema está na definição do que é público, ou seja, relacionado ao coletivo; esta é uma das grandes discussões do pensamento político.

Políticas públicas estão relacionadas às ações realizadas com fins públicos compreendendo o acesso a toda a população, alteando a participação dos *stakeholders* no debate e formulação dessas políticas, pois a parceria entre o Poder Público e a iniciativa privada é imprescindível na busca pelo desenvolvimento sustentável.

3.2
Políticas públicas ambientais

Barbieri (2007, p. 100) define *política pública ambiental* como o "conjunto de objetivos, diretrizes e instrumentos de ação que o poder público dispõe para produzir efeitos desejáveis sobre o meio ambiente".

Deve-se de tomar cuidado entre o que são políticas públicas ambientais e decisões políticas ambientais: o primeiro item se refere a políticas que são formuladas depois de muito debate, visando minimizar um problema ambiental; o segundo item se refere a ações realizadas todos os dias e em grande número pelos administradores públicos, atendendo às solicitações da sociedade.

Os instrumentos de políticas públicas podem ser explícitos ou implícitos, segundo nos explica Barbieri (2007, p. 107): "os primeiros são criados para alcançar efeitos ambientais benéficos específicos, enquanto os segundos alcançam tais efeitos pela via indireta, pois não foram criados para isto".

Considerando-se as grandes dificuldades existentes entre conciliar os interesses públicos e privados relacionados a inúmeros tópicos, entre eles o ambiental, os governos se veem obrigados a estabelecer toda uma série de instrumentos explícitos de políticas públicas ambientais, conhecidos como *instrumentos de comando e controle*.

Ainda com base nas informações propostas por Barbieri (2007), podemos descrever melhor os itens informados com uma breve descrição da forma de atuação das políticas públicas ambientais no quadro a seguir.

Quadro 1 – Resumo das políticas públicas ambientais

Item	Descrição
Padrão de emissão	Relaciona-se à quantidade de poluentes emitidos pela produção de determinados produtos ou oferecimento de determinado serviço.
Padrão de qualidade	Relaciona-se às características individuais e quantidades emitidas de fontes poluidoras.
Padrão de desempenho	Relaciona-se a substâncias que são mais econômicas, porém mais poluidoras, necessitando de substituição.
Padrões tecnológicos	Relaciona-se à determinação legal referente a indicações a serem seguidas na forma de utilizações de determinados equipamentos, instalações etc.
Proibições e restrições sobre produção, comercialização e uso de produtos e processos	Relaciona-se à determinação legal que indica formas adequadas de produzir, comercializar e utilizar determinados produtos.
Licenciamento ambiental	Relaciona-se ao fato de que qualquer empreendimento de vulto que vá gerar qualquer tipo de poluição necessitará de aprovação e de um licenciamento ambiental específico que restringirá geograficamente a organização e condicionará alguns de seus itens para aprovação.
Zoneamento ambiental	Relaciona-se a determinados processos fabris que não podem ser realizados em alguns pontos considerados ambientalmente sensíveis, sendo deslocados para outros pontos mais acessíveis.

(continua)

(Quadro 1 – conclusão)

Estudo prévio de impacto ambiental	Relaciona-se ao estudo realizado por consultorias especializadas necessário para aprovação de determinados projetos.
Tributação sobre poluição Tributação sobre uso de recursos naturais Incentivos fiscais para reduzir emissões e conservar recursos Remuneração pela conservação de serviços ambientais Financiamentos em condições especiais Criação e sustentação de mercados de produtos ambientalmente saudáveis Permissões negociáveis Sistemas de depósito-retorno Poder de compra do Estado	Abrangem os itens em que o governo joga todo o seu poder de barganha com a legislação, ou com seu poder econômico, para influenciar formas com que as organizações cumpram seus padrões de exigências e contemplem os instrumentos regulatórios existentes. Valendo os princípios de poluidor pagador o governo pode criar inúmeros tributos sobre as emissões de poluentes.
Apoio ao desenvolvimento científico e tecnológico Educação ambiental Unidades de conservação Informações ao público	São os instrumentos utilizados pelo governo para melhorar a qualidade ambiental, educar e divulgar ações da importância de gestão ambiental para empresas e públicos em geral.

Fonte: Elaborado com base em Barbieri, 2007.

3.3
Política ambiental brasileira

Podemos indicar que a política brasileira começou com a publicação de alguns documentos relativos ao meio ambiente, como no caso do Código de Caça, do Código Florestal, do Código de Minas e do Código de Águas, feitos pelo governo Vargas, da criação do Parque Nacional de Itatiaia, o primeiro do Brasil, em 1937, e da legislação sobre tombamento do patrimônio cultural.

Até 1960, quando o processo de industrialização no país já era sentido, somente alguns problemas ambientais eram observados, recordando que a poluição industrial era sentida como progresso e muito bem-vista por políticos e cidadãos, conforme podemos recordar sobre os pontos defendidos pelo Brasil na Conferência de Estocolmo de 1972. Mesmo assim, foram instituídas as legislações referentes ao Código Florestal e da Proteção da Fauna Silvestre.

O Brasil criou, em 1973, a Secretaria Especial do Meio Ambiente, para assessorar a Presidência da República sobre temas ligados ao meio ambiente. Alguns estados criaram suas agências ambientais, como a Companhia de Tecnologia de Saneamento Ambiental (Cetesb), criada em São Paulo, em 1973, e a Fundação Estadual de Engenharia do Meio Ambiente (Feema), concebida no Rio de Janeiro, em 1975. Em 1979, foi sancionada a lei sobre a utilização do parcelamento do solo urbano.

Tratando de formas pontuais alguns dos problemas referentes à poluição, esses órgãos atuavam de forma desordenada atendendo a problemas específicos. Contudo, essas instituições auxiliaram na criação de legislação específica, como é o caso da prevenção da poluição industrial, da responsabilidade civil e criminal relacionados com atividades nucleares, da forma de exploração e aproveitamento de substâncias minerais, formulação de diretrizes básicas para o zoneamento industrial, legislação sobre o parcelamento do solo urbano, legislação versando sobre a criação de estações ecológicas e áreas de proteção ambiental.

Somente após a criação de uma Política Nacional do Meio Ambiente e do Sistema Nacional do Meio Ambiente (Sisnama), em 1981, é que ficou claro que o meio ambiente é um patrimônio público comum a todos e que tem de ser protegido, tendo em vista o seu uso coletivo.

Figura 1 – Sistema Nacional do Meio Ambiente (Sisnama)

- Órgão superior
- Órgão consultivo e deliberativo: Conselho Nacional de Meio Ambiente (Conama)
- Órgão central: Ministério do Meio Ambiente
- Órgão executor: Instituto Brasileiro do Meio Ambiente e dos Recursos Naturais (Ibama)
- Órgãos seccionais: Órgãos ou entidades estaduais
- Órgãos locais: Órgãos ou entidades locais

Fonte: Adaptado de Brasil, 1981.

Na sequência, temos a criação de uma série de leis que auxiliaram na proteção ambiental, como é o caso da Ação Civil Pública, em 1985, da Resolução do Conama sobre Estudos de Impactos Ambientais (EIA) e dos Relatórios de Impactos Ambientais (Rima) em 1986, do Gerenciamento Costeiro de 1988, do Ibama e de legislações sobre utilização de Agrotóxicos e da Exploração Mineral em 1989.

3.4 Constituição Federal de 1988

Em 1988, foi promulgada a atual Constituição Federal, que representou um avanço relevante no quesito ambiental, dedicando-se o Capítulo VI da Carta Magna inteiramente ao meio ambiente:

Capítulo VI – Do Meio Ambiente

Art. 225. Todos têm direito ao meio ambiente ecologicamente equilibrado, bem de uso comum do povo e essencial à sadia qualidade de vida, impondo-se ao poder público e à coletividade o dever de defendê-lo e preservá-lo para as presentes e futuras gerações.

§ 1º Para assegurar a efetividade desse direito, incumbe ao poder público:

I – preservar e restaurar os processos ecológicos essenciais e prover o manejo ecológico das espécies e ecossistemas;

II – preservar a diversidade e a integridade do patrimônio genético do País e fiscalizar as entidades dedicadas à pesquisa e manipulação de material genético;

III – definir, em todas as unidades da Federação, espaços territoriais e seus componentes a serem especialmente protegidos, sendo a alteração e a supressão permitidas somente através de lei, vedada qualquer utilização que comprometa a integridade dos atributos que justifiquem sua proteção.

[...]

Iniciamos a década de 1990 com a aprovação da legislação sobre Política Agrícola em 1991, tratando em seguida da Engenharia Genética em 1995, da utilização dos Recursos Hídricos em 1997. A nova resolução do Conama sobre Licenciamento Ambiental entrou em vigor em 1997, sobre Crimes Ambientais em 1998 e, em 1999, tivemos a resolução da Política Nacional de Educação Ambiental. O século termina com a aprovação da Lei sobre Sistema Nacional de Unidades de Conservação da Natureza e da criação da Taxa de Contribuição de Fiscalização Ambiental. Em 2001, temos a aprovação do Estatuto da Cidade.

Todo esse ordenamento jurídico ambiental está centrado em um conjunto de regras obrigatórias estabelecidas da seguinte forma:

- Constituição Federal e suas emendas;
- Constituição Estadual e suas emendas;
- Lei Orgânica e Plano Diretor do Município;

- Leis Complementares;
- Leis Ordinárias;
- Medidas Provisórias;
- Decretos;
- Resoluções;
- Portarias;
- Instruções.

Essas regras buscam cumprir de uma forma adequada a Política Nacional do Meio Ambiente no Brasil. É claro que existem controvérsias múltiplas sobre a aplicabilidade de determinadas leis e sobre as dificuldades enfrentadas por parte do Estado para impô-las de forma efetiva.

3.5
Índice de Desenvolvimento Humano (IDH)

Existem muitas formas de se quantificar a eficácia de aplicabilidade de leis. Podemos utilizar o Índice de Desenvolvimento Humano (IDH) como índice de referência, o Índice de Felicidade, que pode ser usado tanto por povos quanto por empresas, e as organizações podem se valer do índice *Balanced Scorecard* (BSC).

Uma das maneiras de se verificar se as leis estão sendo seguidas consiste em aplicar comparativos entre diferentes realidades, para demonstrar as divergências existentes e tentar minimizar essas diferenças. A ONU elaborou um conjunto de dados comparativos para seus países-membros, mas a dificuldade foi garantir que a forma com que os dados fornecidos pelos países chegassem a um denominador comum.

O Pnud[1], em 1990, apresentou o IDH, o qual trata principalmente de três índices, que, quando cruzados, apresentam um indicador mais adequado a todos os países, pois mostra a realidade sem impor modelos de desenvolvimentos utilizando como base o Relatório de Desenvolvimento Humano, divulgado anualmente, e oferecendo um contraponto ao Índice de Produto Interno Bruto (PIB) já que utiliza de outros indicadores e não somente o indicador econômico.

O relatório foi idealizado pelo economista paquistanês Mahbud ul Hag (1934-1998), com a colaboração do indiano Amartya Sem, que ganhou o Prêmio Nobel de Economia em 1998. Esse documento reúne tabelas estatísticas com informações relevantes sobre o tema e atualmente é publicado em mais de 100 países anualmente.

Os índices analisados para apontar o IDH de um país são: esperança de vida em anos ao nascer, taxas de escolarização com a porcentagem bruta de matrículas no ensino primário, médio e superior e a renda *per capta* com relação ao custo de vida do país (Paridade de Poder de Compra – PPC). O nível máximo possível do IDH de um país é 1 (um). O Pnud considera de baixo desenvolvimento os índices abaixo de 0,500, como médio desenvolvimento entre 0,500 e 0,799 e acima de 0,800 como alto desenvolvimento.

3.6
Índice de Felicidade

Outro índice que tem se mostrado relevante é o Índice de Felicidade, que pode ser utilizado tanto por organizações quanto por povos. A criação desse índice, que podemos chamar de *Felicidade Nacional Bruta* (FNB), é de autoria do Rei do Butão, Jigme Singve, em 1974. Leva em consideração o desenvolvimento socioeconômico, a pre-

---

1 É possível conferir o IDH de todos os municípios brasileiros no *site* do Pnud, em que constam dados com informações socioeconômicos do Brasil: <http://www.pnud.org.br>. Acesso em 17 de abril de 2011.

servação do meio ambiente, a promoção da cultura e a boa gerência. Tem sido sistematicamente estudado por pesquisadores de todo o mundo que tentam repetir os parâmetros em empresas, levando em consideração não apenas rentabilidade, produtividade, crescimento etc., mas também a felicidade dos colaboradores.

3.7 Instrumentos e técnicas estratégicas utilizadas pelas organizações

Para fazer frente a uma série de questões ambientais, as empresas passaram a adotar estratégias para resolução dos problemas. Um dos casos mais conhecidos é o da empresa americana 3M, que implantou, em 1975, uma política ambiental conhecida como 3P – *Pollution Prevention Pays,* como forma de prevenir a poluição gerada pelos processos de produção. O conceito não era novo, mas a ideia foi original devido à companhia aplicá-lo em todas as unidades de negócios da empresa.

O programa foi tão bem-sucedido que a ONU convidou, em 1976, a empresa para divulgar a metodologia para empresários do mundo todo. A 3M calcula que, em 30 anos, deixou-se de emitir 1,1 milhão de toneladas de poluentes na natureza e que esse programa gerou uma economia de mais de US$ 1 bilhão para a empresa. Essa é uma estratégia ambiental que aporta resultados financeiros competitivos para a empresa demonstrando seu comprometimento com o respeito ao meio ambiente.

As empresas, buscando a diferenciação no mercado, começaram a buscar rotulagem ambiental ou a utilização de selos verdes para certificarem seus produtos e se adequarem à exigência cada vez maior dos consumidores sobre a procedência e a forma de descarte dos produtos.

Selos verdes

Em 1977, foi criada na Alemanha a certificação *Blaue Angel*, criada pelo governo alemão através do Ministério do Meio Ambiente, Conservação da Natureza e Segurança Nuclear do país, atualmente o mais antigo selo verde em atuação no mercado, ligado a 3.600 produtos certificados, como tintas, produtos elaborados a partir de material reciclado, pilhas e baterias, produtos sem CFC e produtos químicos de uso doméstico.

Em 1990, surgiu a ONG Green Seal (selo verde) nos EUA, instituição sem fins lucrativos que cria padrões ambientais para testar produtos verificando itens relacionados à obtenção de matéria-prima, à forma de produção, ao impacto sobre o meio ambiente e as formas de descarte. Essa ONG atua nas empresas, buscando um ambiente cada vez mais limpo e saudável, auxiliando os consumidores na identificação de produtos e serviços que geram menos poluição e menor produção de resíduos tóxicos.

Em 1992, o Parlamento Europeu criou o **Ecolabel**, selo válido para toda a União Europeia, sendo sua adesão voluntária por parte das empresas europeias, mas exigida para todos os produtos importados.

No Brasil, a Associação Brasileira de Normas Técnicas (ABNT) criou o selo de **Qualidade Ambiental**, que certifica os produtos disponíveis no mercado, considerando seu ciclo de vida.

No mundo inteiro, as organizações buscavam adequar seus produtos e serviços com a criação de rótulo verdes, como é caso dos países nórdicos, que lançaram em 1988 o *Nordic Swan*; do Canadá, com o *Environmental Choice*, em 1988; do Japão, com o *Eco Mark*, em 1989; da Índia, com o *Eco Mark*, em 1991, entre outros. Existem muitas reclamações das empresas que possuem uma atuação global sobre a necessidade da tantos selos verdes para que seus produtos sejam aceitos em muitos lugares do mundo.

Estratégias utilizadas pelas empresas para fazer frente à demanda ambientalista

Há uma série de conferências internacionais sobre a participação das empresas na defesa do meio ambiente, como a Conferência Mundial da Indústria sobre a Administração Ambiental, em 1984, e a Reunião do G7, em 1987, quando o **Princípio da Precaução** foi adotado como base empresarial que pode ser entendido como a busca de soluções adequadas aos problemas ambientais atuais com a racionalização do uso de matérias-primas, a economia de energia, redução da poluição e incentivo a pesquisas científicas que auxiliem no encontro de meios de produção mais eficientes e adequados para enfrentar as mudanças que o planeta vem sofrendo.

Em 1986, a Câmara Internacional do Comércio estabeleceu uma série de diretrizes ambientais para serem seguidas pelas indústrias do mundo todo. Outro reflexo de que o meio empresarial não está isento das práticas de um desenvolvimento sustentável é que em 1991 foi criado o Business Council for Sustainable Development (Conselho Empresarial para o Desenvolvimento Sustentável), buscando engajar o empresariado mundial na busca de uma gestão sustentável adequada, contribuindo para a elaboração de políticas públicas e o cumprimento de metas de curto, médio e longo prazo.

Em 1991, a Câmara de Comércio Internacional propôs a **Carta Empresarial para o Desenvolvimento Sustentável**, durante a realização da Segunda Conferência Mundial da Indústria sobre Gestão do Meio Ambiente, em Roterdã, na Holanda. Um grande número de corporações assinou o referido documento, que contempla 16 princípios, os quais devem ser assumidos pelas empresas signatárias.

Os compromissos assumidos pelas corporações acabam por gerar uma série de conceitos de sustentabilidade que estão sendo aplicados nas organizações, como no caso da **Atuação Responsável (*Responsible Care*®)**, na qual as indústrias químicas de todo o mundo desde, 1987, promovem o cuidado e a segurança no manuseio de materiais químicos.

O nascimento da ONG **Business for Social Responsability** (BSR), que busca através da promoção de valores éticos, responsáveis e sustentáveis a preservação ambiental teve ampla aceitação no mundo inteiro e auxiliou no Brasil na criação do Instituto Ethos. O BSR auxilia as empresas a agregarem tópicos sociais e ambientais em suas estratégias e operações.

A ONG **The Natural Steps** (TNS), criada em 1989, na Suécia, visa atuar de forma científica e sistemática no planejamento organizacional para a sustentabilidade, auxiliando na criação de critérios de planejamento, orientação e integração. Essa organização foge do padrão das estratégias organizacionais tradicionais, buscando através de uma metodologia conhecida como *backasting,* atingir seus objetivos finais com o direcionamento das estratégias organizacionais necessáriass.

Na década de 1990, o surgimento de novas tecnologias, com novas leis que restringem alguns negócios, com a concorrência que oferece produtos e serviços mais competitivos ou a mudança de hábitos de consumo fez com que as empresas buscassem o aprimoramento pela qualidade total (*Total Quality Managment – TQM*).

Em 1992, a **Global Environmental Management Iniciative** (Gemi) foi formada por grandes corporações para desenvolver estratégias e definir padrões que norteassem o desempenho ambiental corporativo. Para tanto, foi criado o ***Total Quality Environmental Management*** (TQEM), que é uma forma ampliada do conceito de TQM que busca de uma forma planejada identificar os usuários e suas preferências e separar esses *stakeholders* em públicos internos e externos, buscando de forma continuada uma diminuição dos impactos ambientais e melhoria nos processos de produção das organizações, prevendo e evitando a ocorrência de potencias causas de problemas ambientais e utilizando uma abordagem sistêmica para atingir os resultados desejados.

Outra abordagem da aplicação dos conceitos de sustentabilidade nas organizações está relacionada à **Gestão Integrada de Saúde, Meio Ambiente e Segurança** (SMS), que implica a adoção de políticas e práticas ambientais, juntamente com a necessidade de conscientizar o trabalhador sobre os riscos de trabalho e o estabelecimento de índices a serem cumpridos, como diminuição de acidentes de trabalho e diminuição da poluição na geração do produto/serviço fim da organização.

A utilização de outras metodologias, como o ***Pollution Prevention*** (PP), por parte empresas que seguem o programa da 3M e os programas de P2 buscam restringir a poluição desde sua origem, buscando a minimização da geração de resíduos, utilizando a reciclagem dos materiais para se possível chegar à emissão zero de poluentes.

A utilização do ***Design for Environment*** (DFE) (Projetar para o Ambiente), também conhecido como *Green Design*, implica uma definição clara do *design* dos produtos levando em conta as necessidades ambientais e auxiliando na eliminação dos desperdícios dos materiais a serem utilizados na confecção do produto.

As organizações começaram a utilizar na década de 1990 uma nova maneira de gerenciar seus resíduos: a conhecida técnica dos **quatro Rs: Redução, Reutilização, Reciclagem e Recuperação**, buscando a menor geração de resíduos e, se esta for inevitável, que os resíduos sejam reutilizados ou reciclados. Caso isso não seja possível, esse método ainda busca a recuperação dos materiais e da energia que não possam ser reutilizados ou reciclados.

Essas abordagens e outras existentes em organizações de todo o mundo demonstram uma preocupação com os problemas ambientais ocasionados pela utilização dos recursos disponíveis no mercado, além de gerarem uma economia monetária com a utilização dessas técnicas.

4

Teorias, *stakeholders* e formas de mensurar indicadores de sustentabilidade nas organizações

Neste capítulo, apresentaremos os diferentes tipos de indicadores para a elaboração de um balanço social e vamos tentar descobrir juntos o que mais se adéqua à realidade da sua empresa e a forma como esses instrumentos podem ser utilizados. A apresentação do conceito dos *stakeholders* é um tema que vem juntar todas as influências que os diferentes públicos exercem sobre o dia a dia das decisões tomadas pelas empresas e organizações, mas que eram estudadas de forma isolada. Procuramos esclarecer como os atores sociais são afetados pelas decisões tomadas pelas organizações e como estes influenciam ou pressionam as empresas para que sejam ouvidos e tenham suas reinvidicações atendidas.

Mostraremos que, para as empresas e as organizações, é relevante o conhecimento do meio em que estão inseridas e a real necessidade de procurarem conhecer e controlar essas influências que as cercam para que estas atuem como um facilitador das atividades da empresa, e não um empecilho.

Descobriremos juntos quais são os principais *stakeholders* que determinam o funcionamento das decisões empresariais e como o planejamento das empresas têm de levar em consideração as dificuldades envolvidas e a forma com que elas impactam e são impactadas por outras organizações.

Para conhecimento geral, vamos apresentar o que Sachs chama de *parâmetros de indicadores*: social, cultural, ecológico, ambiental, territorial, econômico, político (nacional e internacional). É importante tê-los em mente já que esses indicadores foram usados como referenciais na elaboração e adequação de vários indicadores existentes atualmente.

Vamos conhecer também o que o **Global Reporting Iniciative** (GRI) aponta como as três dimensões da sustentabilidade: econômica, ambiental e social.

Para concluir, vamos conhecer algumas formas de elaborar balanços sociais consistentes e relatórios sustentáveis com indicadores críveis.

4.1
A teoria dos sistemas e da complexidade

A **teoria geral dos sistemas** nasceu dos estudos do biólogo alemão Ludwig Von Bertalanffy (1901-1972) na década de 1940, quando ele buscou propor uma visão mais fragmentada da ciência, evitando o isolacionismo científico, que era caracterizado na época como o estudo das diferentes áreas do conhecimento. Esse biólogo procurou demonstrar a influência existente entre as várias partes que compõem um todo.

Essa teoria atribui um conjunto de partes (sempre há mais do que uma), passível de divisão sempre menores que o total. Crê na integralização através do exercício coordenado das funções individuais, que podem ser uma tarefa ou um objetivo atribuído a ela, ademais possui interdependências, sendo passível de influências internas e externas.

Outra teoria interessante é a **teoria da complexidade**, formulada por Edgar Morin (1921). Em sua teoria, o pensador francês busca combater a linearidade do estudo científico, demonstrando a necessidade de se levar em consideração as infinitas possibilidades de combinações para comportamentos, necessidades e estados, sem deixar de observar a função da imprevisibilidade e a adequação do comportamento à funcionalidade existente. Apregoava que o conjunto dos sistemas troca influência continuamente e que cada comportamento não reflete necessariamente o comportamento do todo.

Na teoria geral dos sistemas, entre outras coisas, compreendemos que as empresas, por serem sistemas abertos, estão sujeitas às influências do macroambiente, e as decisões por ela tomadas também influenciam as demais organizações. A teoria da complexidade, por sua vez, ensina-nos que tentar compreender os fenômenos de influência de uma forma linear somente com alguma teoria, método ou estratégia de pensamento não é capaz de auxiliar o indivíduo a compreender o mundo como ele é. Essa teoria demonstra que aprendemos a resolver problemas de forma fragmentada pelos diferentes saberes e, portanto, tomamos decisões equivocadas, sem levar em conta que o todo precisa ser analisado de uma forma mais complexa.

Existem elementos que interferem no processo administrativo das empresas que podemos chamar de *interferências de impactos*. São causados por mudanças na economia, na tecnologia, na cultura, no contexto social, demográfico etc.

Os procedimentos até então adotados devem ser revistos para auxiliar na tomada de decisões.

Temos uma teoria que estuda os impactos desses elementos: a teoria da contingência, a qual aponta os seguintes aspectos básicos.

- A organização é de natureza sistêmica, isto é, ela é um sistema aberto, cuja característica é a interatividade com o meio em que está inserida, portanto, sujeita à ação da influência que esse ambiente proporciona.
- Como as variáveis ambientais são independentes, pois ocorrem mesmo sem o desejo das empresas, as características organizacionais são variáveis dependentes, pois estão sujeitas a mudanças devido a influências externas.
- Nas organizações, tudo é relativo, nada é absoluto, não existe um modelo administrativo que contemple todos os tipos de empresas existentes e que possa fornecer respostas similares e adequadas a diferentes empresas.

4.2

A teoria dos *stakeholders*

A melhor tradução que poderíamos fornecer ao termo *stakeholders* seria "partes interessadas". Entre estas encontram-se acionistas, consumidores, funcionários, fornecedores, comunidade e grupos sociais ativistas, podendo também ser definidos, conforme Ansoff e Mcdonnell (1993), como grupos de interesses sociais afetados diretamente pelo comportamento da empresa.

A influência dos *stakeholders* para as organizações não pode ser ignorada. Cabe às empresas responder às necessidades desse segmento, da mesma forma que, segundo Sender e Fleck (2004), a gestão de *stakeholders* compreende escutar ativamente, processar e corresponder construtivamente aos anseios, aos valores e às crenças de todas as partes que nutrem algum interesse na organização.

O que busca cada grupo interessado?

Os segmentos ligados às empresas buscam fazer com que as organizações atendam às suas reivindicações, que ofereçam respostas às necessidades daquelas quando for possível e que sejam influenciáveis por meio da pressão social oriunda de grupos de interesses. Podemos dividir os interesses e expectativas de diversos grupos, conforme a explicação elaborada por Grayson e Hodges (2003), aqui adaptada com explicações e exemplos da realidade brasileira, ainda que esses interesses sejam antagônicos, da seguinte forma:

- **As expectativas dos consumidores** – Procuram adquirir produtos seguros e confiáveis e serviços adequadamente prestados. Com o advento do desenvolvimento sustentável, os consumidores de todo o mundo estão privilegiando as marcas e as organizações que tragam consigo produtos e serviços socialmente responsáveis, ecologicamente corretos e comprometidos com aspectos além de seus interesses empresariais imediatos.

- **As expectativas dos empregados** – Buscam empregos dignos, salários compensadores e reconhecimento da empresa ou organização sobre o seu trabalho e desempenho. Quando o empregador oferece uma possibilidade de segurança empregatícia, possibilidade de promoção na hierarquia ou salários condignos com as necessidades financeiras, o empregado oferece em troca lealdade à empresa e ao trabalho. É cada vez mais comum os empregados buscarem a Justiça do Trabalho para terem seus direitos constitucionais cumpridos.
- **As expectativas dos investidores** – Relacionam-se basicamente ao retorno do investimento feito na empresa com a compra de ações, o que leva os investidores a cobrar eficiência na forma como a empresa é gerida e no cumprimento de suas obrigações sociais, ambientais, trabalhistas e fiscais. Se as empresas não cumprem suas obrigações, geram prejuízos futuros e, por conseguinte, os acionistas perderão dinheiro ao investirem naquelas.

Nos últimos anos, é cada vez mais comum o investidor individual de ações e os clubes de acionistas buscarem informações atualizadas sobre as empresas em que querem investir. Caso as informações que as empresas fornecem sejam tão-somente as notícias publicadas nos meios de comunicação, fica difícil e até mesmo inviável investir nessas organizações. Cabe à empresa publicar relatórios nos quais aponte suas contribuições para a melhoria da vida da população em geral. É preciso que ela tenha um perfil amigável e favorável aos acionistas minoritários e às suas preocupações em relação a aspectos referentes ao mercado em que a empresa atua.

- **As expectativas do governo e dos reguladores** – Estão baseadas em alguns fatores, como o crescimento do setor privado, a geração de empregos, o cumprimento das regras de mercado, a prestação adequada de serviços aos cidadãos e o pagamento dos impostos.
- **As expectativas dos fornecedores** – Baseiam-se em índices organizacionais referentes a pedidos ou solicitações de serviços constantes e que possibilitem o recebimento de pagamentos regulares. Afinal, os fornecedores também são empresas.

- **As expectativas das instituições intergovernamentais** – Segundo Grayson e Hodges, as instituições intergovernamentais são:

  > responsáveis pela supervisão de questões administrativas regionais ou mundiais e têm manifestado cada vez mais suas expectativas em relação a empresas, tanto compulsória, por meio de acordos e tratados internacionais, quanto voluntariamente, encorajando a adoção de diretrizes e códigos de conduta. (Grayson; Hodges, 2003, p. 47)

Assim como existem empresas multinacionais, existem em contrapartida instituições intergovernamentais que podem ter uma atuação tanto local quanto mundial, que buscam aprimorar as relações das empresas com os diversos públicos existentes, como é o caso da Organização para a Cooperação e o Desenvolvimento Econômico (OCDE), do Fórum Econômico Mundial e do Pacto Global da ONU.

- **As expectativas das organizações não governamentais** – As ONGs têm um poder de ação gigantesco sobre a opinião pública, sendo capazes de angariar fundos e trabalho voluntário para as mais diversas causas e os mais variados objetivos. São comuns os boicotes e protestos contra empresas e organizações, elaborados e organizados via internet, que, por seu custo baixíssimo e acesso ilimitado, possibilita que pessoas interessadas em determinados assuntos ou tópicos relacionados com empresas posam postá-los ou lê-los em qualquer lugar do mundo, a qualquer dia e horário.

  Se uma empresa multinacional não se comporta adequadamente em um país, desrespeitando suas leis ou contribuindo de alguma forma para a degradação do meio ambiente, isso é imediatamente relatado na internet e em outros meios de comunicação, fazendo com que pessoas a milhares de quilômetros utilizem essas informações como melhor lhes aprouver, boicotando produtos e serviços ofertados por essas empresas ou protestando contra as atividades consideradas degradantes realizadas por elas.

- **As expectativas comerciais das empresas** – Estão relacionadas com o objetivo de manter e cumprir contratos que beneficiam uma miríade de clientes em todo o mundo. É comum que empresas que atuam com amplos públicos assumam o compromisso de uma certificação internacional, como é o caso do ISO 9000 e ISO 14001. É uma forma de as empresas apresentarem ao mundo e aos seus clientes que aquelas possuem uma preocupação com seu desempenho relacionado "com práticas trabalhistas, meio ambiente e relações com a comunidade" (Grayson; Hodges, 2003, p. 49).

4.3

Indicadores

Para uma correta definição de indicadores, é necessário que eles sejam coerentes com a realidade da empresa, adaptáveis às mudanças e de fácil compreensão para todos os envolvidos, da mesma forma que facilitem a interação entre os diversos outros indicadores (e que tenham validade na avaliação do sistema).

Não adianta uma empresa se dizer ecoeficiente e socialmente responsável. Ela tem de provar, ratificar essas características. Isso é a apresentação dos dados da empresa com a utilização de parâmetros confiáveis já utilizados por outras empresas e que facilitam a estipulação de fatores de medição e de apresentação em relatórios junto aos tomadores de decisões nas empresas e aos seus *stakeholders*.

Um indicador eficaz deve apontar com clareza o que deve ser avaliado, como avaliar, por quanto tempo avaliar, por que avaliar, qual a quantidade de itens avaliados e a melhor maneira de divulgar os resultados obtidos.

Ignacy Sachs

Ignacy Sachs nasceu em Varsóvia, na Polônia, e agora é cidadão francês. Viveu parte de sua juventude no Brasil, estudando no Rio de Janeiro, foi professor na Universidade de Varsóvia e fez seu doutorado em economia pela Universidade de Delhi, na Índia. Cosmopolita e profundo conhecedor de diversas realidades, atua desde então no estudo do ecodesenvolvimento, dirigindo inúmeros institutos de pesquisa. Trabalhou nas Conferências de Estocolmo, em 1972, e na Rio-92. Elaborou planos de desenvolvimento sustentável para diversos países, como Peru, México, Canadá, Brasil, entre outros (Rio + 10, 2011).

Sachs integra inúmeros conselhos editoriais de revistas especializadas no tema da sustentabilidade e já atuou como professor convidado em universidades de todo o mundo.

Atua em universidades francesas e presta assessoria ao governo francês em temas referentes ao desenvolvimento sustentável.

O resultado de seus estudos foram os critérios de sustentabilidade, criados em 1976. São eles:

- Social;
- Cultural;
- Ecológico;
- Ambiental;
- Territorial;
- Econômico;
- Político (nacional);
- Político (internacional).

Esses critérios serviram como base de inúmeros estudos sobre o desenvolvimento e puderam, de uma forma ou de outra, ser aplicados em inúmeras realidades que contribuíram significativamente para que o desenvolvimento sustentável fosse visto de forma positiva por parte de governos e instituições na condução de suas políticas públicas.

A forma como esses critérios interagem entre si faz com que os projetos de desenvolvimento sustentável contemplem o todo. Embora alguns dos indicadores propostos tenham sofrido inúmeras críticas e outros tenham sido acrescentados para acompanhar a realidade do ambiente que atualmente cerceia empresas e governos, a proposta de Sachs é válida e necessária para uma maior compreensão da realidade e dos conflitos gerados por decisões mal elaboradas, tomadas por empresas ou governos que impactam na qualidade de vida das dos cidadãos e do meio ambiente em que estes estão inseridos.

Esses indicadores e os que tomam por base outros estudos serviram de referência para a formulação e a adequação de parâmetros utilizados por organizações do mundo todo na elaboração de relatórios de sustentabilidade e/ou balanços sociais, como nos casos que veremos a seguir.

4.4

Global Reporting Iniciative (GRI)

Almeida (2002) nos explica que o GRI foi uma iniciativa internacional realizada por diversos organismos, entre eles o Coalition for Environmentally Responsible Economies (Ceres), o Programa das Nações Unidas para o Meio Ambiente e por diversos *stakeholders*, buscando institucionalizar diretrizes e padrões para os relatórios de desempenho ambiental, econômico e social das empresas.

Buscava-se padronizar a elaboração de relatórios de sustentabilidade para que fosse possível compará-los, utilizando-se de dados consistentes, relevantes, confiáveis e comparáveis entre as diversas realidades existentes, para auxiliar as empresas nos processos de tomada de decisão.

Os indicadores são periodicamente revistos e atualizados, de forma que o valor dos relatórios seja maximizado, tanto por quem elabora quanto por quem o utiliza.

No *site* Global Reporting[1], podemos encontrar o guia intitulado *Sustabilitiy Reporting Guidelines on Economic, Environmental, and Social Performance*, que, conforme a análise realizada por Almeida (2002), informa-nos que um relatório de sustentabilidade elaborado por empresas deve conter os seguintes princípios:

- ser pertinente com relação à proteção do meio ambiente, à saúde humana e/ou à melhoria da qualidade de vida;
- subsidiar o processo de tomada de decisão;
- reconhecer a diversidade das empresas;
- permitir a comparação entre as empresas;
- ser objetivo, mensurável, transparente e verificável;
- ser compreensível e significativo para os *stakeholders;*
- ser baseado numa avaliação global (holística) da organização.

Aspectos relacionados com os fornecedores e com os consumidores devem ser também considerados.

Ademais, para o GRI, esse relatório deve contemplar as três dimensões da sustentabilidade (Almeida, 2002): econômica, ambiental e social.

4.5

Indicadores de ecoeficiência

> A ecoeficiência é alcançada mediante o fornecimento de bens e serviços a preços competitivos que satisfaçam as necessidades humanas e tragam qualidade de vida, ao mesmo tempo em que reduz progressivamente o impacto ambiental e o consumo de recursos ao longo do ciclo de vida, a um nível, no mínimo, equivalente à capacidade de sustentação estimada da Terra. (CEBDS, 2011)

---

1 Disponível em: <http://www.globalreporting.org>. Acesso em: 18 abr. 2011.

Esse conceito foi elaborado pelo World Business Council for Sustainable Development (WBCSD), em 1992.

Almeida (2002) apresenta uma equação para medir e explicar a relação entre o desempenho financeiro e ambiental, baseada em fórmula do GRI, que pode ser adaptada a diferentes tipos de empresas.

Figura 2 – Fórmula da ecoeficiência

$$\text{Ecoeficiência} = \frac{\text{Valor do produto ou serviço}}{\text{Impacto ambiental}}$$

Fonte: Almeida, 2002.

O valor do produto ou do serviço pode ser expresso por indicadores monetários, como as vendas líquidas ou o valor agregado, por unidade de nível de atividade, como a quantidade de produtos vendidos, ou pelo valor funcional que um produto confere a seu usuário, como a mobilidade pessoal, a higiene ou a segurança.

O impacto ambiental, por sua vez, pode ser expresso por indicadores de uso de energia, consumo de matérias-primas e insumos, poluição da água ou do ar.

Os indicadores podem ser divididos em **genéricos**, que podem ser aplicados a todos os tipos de empresas e organizações, como é o caso de consumo total de energia, de materiais e de água, de emissões de gases que agravam o efeito estufa e de substâncias danosas à camada de ozônio.

Os **específicos** são aplicáveis apenas a alguns tipos de empresas e organizações, como é o caso de iniciativas para adoção de fontes renováveis de energia, uso de materiais reciclados em processos industriais, fontes de água significativamente afetadas pela empresa ou organização, entre outros.

O GRI reconhece que esses indicadores são falhos porque apresentam de forma separada as três dimensões da sustentabilidade.

4.6

Indicadores do Instituto Brasileiro de Análise Social e Econômica (Ibase)

No Brasil, utilizamos indicadores sociais propostas pelo Ibase, que é uma ONG criada pelo sociólogo Herbert de Souza, o Betinho, que desenvolveu um modelo de relatório em parceria com representantes de empresas privadas e públicas e com consulta aos *stakeholders* destas. Trata-se de um modelo de relatório que foi chamado de *balanço social*.

O documento computa gastos trabalhistas e sociais das empresas, relacionando-os com a receita líquida, com o resultado operacional e com a folha de pagamento bruta. Incluem ainda dados sobre segurança do trabalho, participação de minorias no quadro de pessoal, bem como sobre iniciativas, como participação de empregados em trabalhos voluntários e exigência de padrões éticos por parte dos fornecedores.

4.7

Indicadores do Instituto Ethos de Empresas e Responsabilidade Social

O Instituto Ethos formulou um questionário, batizado de *indicadores Ethos*, para ajudar as empresas a avaliarem seu desempenho social.

Trata-se de uma ONG criada em 1998 por empresários e executivos comprometidos em auxiliar as empresas a buscarem a prática socialmente responsável para a condução de seus negócios.

O documento divide o desempenho empresarial em sete grandes temas: valores e transparência, público interno, meio ambiente, fornecedores, consumidores, comunidade, governo e sociedade.

Propõe dois grupos de indicadores: um para avaliar o estágio atual da responsabilidade social da empresa e outro para determinar a postura mais desejada, para permitir à empresa avaliar seu desempenho em relação a um nível considerado ideal, ou predominante no mercado.

É um instrumento de autoavaliação e de uso interno. A empresa que preenche o arquivo com os indicadores Ethos tem condições de verificar seus pontos fortes de gestão e de comparar a sua atuação com outras empresas. Os indicadores podem ser baixados no *site* do Instituto Ethos[2].

4.8

Indicadores do Conselho Empresarial Brasileiro para o Desenvolvimento Sustentável (CEBDS)

Esse conselho, fundado em 1997, é uma reunião dos maiores e mais expressivos grupos empresariais do Brasil. Representando 40% do PIB nacional, essas organizações juntas geram mais 600 mil empregos diretos e um número ainda mais expressivo de empregos indiretos.

Esse conselho representa o Brasil no WBCSD e atualmente conta com a participação de 185 grupos multinacionais, que faturam anualmente US$ 6 trilhões e geram 11 milhões de empregos diretos. O CEBDS integra uma rede global de mais de 50 conselhos nacionais que estão trabalhando para disseminar uma nova maneira de fazer negócios ao redor do mundo.

O CEBDS formulou uma lista dos indicadores de sustentabilidade que considera relevantes para avaliar o grau de envolvimento das empresas com o desenvolvimento sustentável. Esses indicadores são utilizados no Relatório de Sustentabilidade Empresarial,

---

2 Disponível em: <http://www.ethos.org.br>. Acesso em: 18 abr. 2011.

publicado a cada dois anos pelo conselho. Estão relacionados com os indicadores econômicos, ambientais e sociais.

Quadro 2 – Comparativo entre os indicadores existentes e os propostos por Sachs

Indicadores propostos por Sachs	Indicadores propostos pelo GRI	Indicadores propostos pelo Ibase	Indicadores propostos pelo Instituto Ethos	Indicadores propostos pelo CEBDS
Social	X	X	X	X
Cultural	X	X	X	X
Ecológico	X	X	X	X
Ambiental	X	X	X	X
Territorial	X	X	X	
Econômico	X	X	X	X
Político (nacional e internacional)	X	X	X	X

Como podemos observar, os indicadores propostos por Sachs são utilizados como referência para os demais padrões de indicadores, às vezes de uma forma mais abrangente, às vezes de uma maneira mais relativizada.

Esses indicadores são responsáveis pela forma como a empresa ou organização presta contas de suas decisões à sociedade.

Os índices propostos têm referências em pressupostos que podem ser aplicados em empresas que atuam nas mais diversas áreas. Caso algum item não seja necessário basta considerá-lo, porém não deve ser relativizada sua importância, muito menos em caso de dúvidas.

A boa prática na elaboração de relatórios de sustentabilidade e balanços sociais é almejada por essas associações, que desenvolveram os mais diferentes indicadores para que as empresas encontrassem o suporte e os parâmetros adequados para elaborar seus documentos e a sociedade soubesse de antemão os itens que podem ser verificados e comparados.

Oliveira (2008) nos fornece sete dicas para elaborar balanços sociais consistentes:
- padronize e "dê nome aos bois";
- mostre a evolução dos projetos;
- use linguagem acessível;
- aceite e publique as críticas;
- seja transparente;
- faça auditoria externa;
- abra a porta.

A aplicabilidade na elaboração de relatórios de sustentabilidade e/ou balanços sociais é indicada para organizações que procuram ser transparentes na condução de suas atividades empresariais e que disponham de capital humano competente.

Quando a empresa deixa de apresentar esses documentos, o mercado entende geralmente que ela tem alguma coisa a esconder e, dependendo do *stakeholder* envolvido, isso pode gerar uma imagem negativa para a organização.

Esses relatórios podem servir de base para elaboração de comparativos a serem realizados por diferentes tipos de *stakeholders*, entre realidades de diferentes países. Seguramente servem de base documental para pressionar a empresa a cumprir o que se comprometeu a fazer.

5

Normatizações e certificações de empresas e organizações

Neste capítulo, apresentaremos a importância da certificação por parte das empresas, os tipos existentes e os motivos que levam organizações a procurarem tais certificados.

Procuraremos demonstrar as formas de divulgação das quais as empresas se utilizam para explicitar alguns aspectos da certificação e os erros que induzem os *stakeholders* a cometerem nos tópicos referentes ao tema.

Discutiremos sobre a polêmica que a implantação da nova ISO 26000 está causando entre os diversos públicos de interesse pelas definições das diferentes nomenclaturas existentes.

5.1

Certificações e normatização

As empresas procuram certificações, que são um conjunto de regras utilizadas para avaliar e normatizar procedimentos referentes, por exemplo, à qualidade de produtos, ao processo de gestão ou à segurança ambiental.

Existe uma controvertida percepção dos *stakeholders* e empresas sobre a utilização do termo *certificação*. É comum, quando visitamos algum *site* empresarial ou quando observamos a embalagem de algum produto, destacar-se a frase "Certificado pela ISO 9000" ou "Produzido de acordo com a ISO 9000", como sinônimo de qualidade dos bens produzidos ou serviços prestados. Esse recurso é bastante utilizado pelos "marqueteiros de plantão", que aproveitam o desconhecimento generalizado sobre o tema para alardear qualidades inexistentes ou que não são contempladas por essa série ISO.

A normatização, ao contrário da certificação, está relacionada à realidade de grandes empresas, pois o montante financeiro envolvido é enorme e o dispêndio gerencial grande e a necessidade de participação ativa de pessoal competente constante. Pequenas empresas geralmente aderem por imposição de contratos ou necessidades devido à concorrência.

O melhor exemplo que podemos citar é o caso da Petrobras, que só atua em parceria com outras empresas fornecedoras que já tenham os certificados ISO 14001, relacionados ao meio ambiente, e ISO 18001, relacionado à segurança e à prevenção de acidentes.

As normas são parte da estratégia organizacional das empresas e vão muito além da padronização de procedimentos. Elas incluem ferramentas que subsidiam a possibilidade de diagnósticos detalhados da empresa.

Existem vários tipos de normas que podemos destacar a seguir:

Quadro 3 – Normatização e certificações

ISO 14000	Relacionada ao meio ambiente
ISO 9001	Relacionada a sistemas de gestão de qualidade
ISO 27001	Relacionada a sistemas de segurança de informações
OHSAS 18001	Relacionada à segurança e saúde no trabalho
CE EMAS	Relacionada a processos ambientais
BS 8800	Relacionada à concessão de condições dignas de trabalho
BS 8855	Relacionada a questões ambientais
AS 8000	Relacionada a direitos sociais
ABNT NBR 16001	Relacionada à responsabilidade social
AA 1000	Relacionada à prestação de contas
NBR ISO 10002	Relacionada à satisfação de clientes
ISO 26000	Relacionada à responsabilidade social (implantada em 2009)

5.2

International Organization for Standardization (ISO)

No que diz respeito às certificações anteriormente apresentadas, existem outras que poderiam ser citadas, como é o caso da Acreditação Hospitalar ou o Programa Brasileiro da Qualidade e Produtividade do Habitat (PBQPH). Porém, a que goza de maior credibilidade, reconhecimento e aceitação por organizações e empresas em 158 países é a série ISO. Essa série certificou mais de 600 mil empresas no mundo, que norteiam seus procedimentos por esse modelo de gestão pela qualidade, a qual tem aplicabilidade em qualquer tipo de organização, seja ela grande, pequena ou de qualquer setor de atividade.

Vejamos alguns dos equívocos mais comuns encontrados sobre a percepção dos *stakeholders* sobre os processos de certificações:

Quadro 4 – Percepção acerca dos *stakeholders*

O que é exposto	O que não é explicado
Que determinado produto ou serviço é certificado pela ISO 9000	A ISO não verifica se as empresas utilizam as normas em concordância com os requisitos estabelecidos. Isso é feito por instituições certificadoras que são autorizadas por órgãos reguladores oficiais do país, no Brasil representados pelo Instituto Nacional de Metrologia, Normalização e Qualidade Industrial (Inmetro).
	Essa autorização é conhecida como acreditação, ou seja, tem condições de realizar determinada certificação em produtos, serviços ou processo e padrões administrativos empresariais.
	De nada adianta fazer reclamações à ISO se você adquirir algum produto defeituoso.
Que determinado produto ou serviço é produzido de acordo com a ISO 9000	Existe uma confusão entre as diversas normas ISO. A ISO 9000 está relacionada com os sistemas de qualidade de organização e gestão da empresa, o que não significa que seus produtos/serviços sejam verificados pelo órgão certificador.
ISO	Não é uma sigla, vem do grego "*iso*" e significa *igual*. Muito usado como base de prefixos de palavras em português como é o caso de isométrico (que tem mesma dimensão ou medida) ou isonomia (igualdade de leis). A utilização do termo vem para facilitar a compreensão em qualquer língua.

(continua)

(Quadro 4 – conclusão)

Que a empresa conquistou o Certificado ISO	O certificado tem prazo de validade de três anos a partir da auditoria de certificação. Nesse período, a empresa certificada será reavaliada semestralmente ou anualmente pelos respectivos organismos de certificação. A manutenção dessa certificação dependente dos resultados obtidos nestas avaliações/auditorias periódicas. Caso a empresa não siga as diretrizes estabelecidas na norma utilizada ou não mantenha documentação confiável e verificável a organização pode perder a certificação, até mesmo antes do término do prazo de validade.
Sinônimo de qualidade de produtos e serviços	A certificação garante que o sistema de qualidade de uma empresa está de acordo com critérios. Se o sistema utilizado pela empresa não é capaz de garantir a qualidade de produtos e serviços, não é uma certificação que fará a diferença.

Seguramente, existem outros pontos que precisam ser esclarecidos, devido à grande variedade de certificações existentes e à abrangência encontrada, já que o desconhecimento sobre o tema é generalizado, conforme podemos perceber por alguns trabalhos realizados sobre a percepção dos *stakeholders* de diversas empresas e organismos certificados, sobre a relevância ou o conhecimento do processo de certificação realizado ou a realizar-se.

Existem algumas motivações pelas quais empresas procuram certificar-se: globalização, diferencial competitivo, melhoria de processos produtivos, controle de recursos humanos, modismo e *marketing*.

Mais do que motivações, é relevante destacar que o número de certificações tem aumentado no Brasil e no mundo, conforme podemos observar no *site* do Inmetro[1] demonstrando que a certificação não pode ser considerada um diferencial empresarial, mas um ultimato de um mercado cada vez mais exigente e preocupado com as ações realizadas por empresas, trazendo novas responsabilidades e exigindo o comprometimento às normas e aos objetivos da organização.

Apesar do aumento considerável, o número alcançado de certificações pelo Brasil está aquém dos padrões internacionais, o que

---

1 Disponível em <http://www.inmetro.gov.br>. Acesso em: 18 de abr. de 2011

demonstra que são poucas as empresas brasileiras – percentualmente – atuando no mercado internacional.

Procuramos compreender os impactos causados nas empresas para saber se a recomendação para certificação agrega valor das ações na Bolsa de Valores, melhora o desempenho organizacional, melhora a imagem da empresa junto a seus *stakeholders*, gera mais lucro, evita a repetição de erros, controla melhor seus processos produtivos ou se acaba gerando uma burocracia desnecessária, atendendo a modismo e servindo apenas para utilização do *marketing* e glorificação de seus gestores.

Como podemos observar pelas conclusões de autores de diversos artigos e livros que tratam sobre o tema a implementação de normas ISO, alguns benefícios podem ser observados na forma como os recursos são adequadamente utilizados, na maneira correta com que a produção é realizada, utilizando melhor o tempo e evitando desperdício de recursos financeiros, na padronização de elaboração de produtos e serviços, aumentando a produtividade, numa educação continuada no ambiente empresarial que resulta em maior segurança para os colaboradores e em formas corretas de utilização de equipamentos.

5.3

ISO 26000

A nova norma da família ISO deve agregar itens e não terá como objetivo a certificação, mas a orientação das organizações na maneira de incorporar em seus modelos de gestão práticas socialmente responsáveis.

A diferenciação na construção dessa série está relacionada a dois fatores extremamente relevantes:

1. A liderança do projeto é compartilhada por dois países – Brasil e Suécia –, representando o conjunto de nações desenvolvidas e emergentes no mundo.

2. A construção tem a participação de inúmeros *stakeholders*, público geralmente ignorado no momento da concepção das normas ISO e que conta com a participação de inúmeros especialistas adequados a defenderem seus interesses.

A intenção é que esse seja um documento guia de responsabilidade social para organizações inseridas nas mais diferentes culturas, sociedades e contextos, buscando uma harmonia com as normas da ISO e demais documentos existentes, estimulando, com a utilização desse guia, uma melhor forma de auferir resultados.

Os temas centrais da futura ISO 26000

Os principais itens presentes na ISO 26000 são (Uniethos, 2001):

- **Governança organizacional** – Comando, legitimidade, conduta justa e ética, responsabilidade, transparência e desempenho.

- **Direitos humanos** – Direitos civis e políticos, assistência a minorias, direitos econômicos, sociais e culturais e direitos fundamentais do trabalho.

- **Práticas de trabalho** – Emprego, direitos no trabalho, proteção social, diálogo social, saúde e segurança.

- **Meio ambiente** – Uso sustentável da terra e de outros recursos naturais, conservação e restauração de ecossistemas, prevenção da poluição e as mudanças climáticas, produção sustentável de energia.

- **Questões relativas ao consumidor** – Informações adequadas e verdadeiras, produtos seguros e confiáveis, sistemas de *recall*, serviço e suporte pós-fornecimento, resolução de disputas, práticas justas de propaganda e *marketing*, produtos ambientalmente e socialmente benéficos, segurança da informação e privacidade.

- **Práticas leais de operação** – Práticas justas, éticas e transparentes de fornecimento e pós-fornecimento, combate à corrupção, promoção dos *stakeholders* desfavorecidos, promoção de concorrência justa, respeito pelos direitos de propriedade.
- **Desenvolvimento social** – Envolvimento comunitário, contribuição para o desenvolvimento social e econômico (Uniethos, 2011).

Observamos que os itens a serem contemplados são amplos e abrangentes, nem todos aplicáveis às realidades encontradas pelas organizações, o que suscitará dúvidas, fato comum quando do lançamento de nova série ISO.

Seguem algumas das considerações que estão sendo relacionadas e que causam debates acalorados entre os especialistas que estão trabalhando na elaboração dessa nova normatização:

- Essa certificação tolhe a capacidade das organizações de utilizarem a criatividade e o caráter didáticos das ações socialmente responsáveis, pois obrigatoriamente decide por um conceito sobre o que é responsabilidade social, fechado, finito e limitado já que esse conceito tem de ser reconhecido em qualquer lugar no mundo. Não leva em consideração as diferenças culturais, políticas e ideológicas que existem no mundo.
- Quando surge uma normatização, geralmente ela começa a ser utilizada para parâmetros de diversas ações a serem cobradas por governos e empresas. Acredita-se que o estabelecimento dessa normatização ao final vá criar mais uma barreira para que empresas de países periféricos exportem seus produtos.
- A criação de uma normatização pode agravar o equívoco de que a responsabilidade social é um negócio, e não um valor a ser seguido, pois será necessária a intermediação de uma organização certificadora para conquista dessa ISO. Existem grandes possibilidades de essa certificação ser utilizada apenas como uma nova forma de ganhar dinheiro pelas organizações responsáveis pela normatização.

- O custo para implantação da norma será alto – como todas as outras –, fazendo com que nem todas as organizações tenham condições financeiras para fazê-la, deixando somente para as grandes organizações a capacidade de se adequarem às novas normas.

- Como o custo é um limitador, teme-se que apenas grandes organizações capacitadas financeiramente para implantar a utilização dessa norma poderão conseguir a certificação exclusivamente sobre algum aspecto do negócio da empresa, o que não necessariamente significa que a organização conduz todos seus negócios de forma socialmente responsável, desviando a atenção dos *stakeholders,* confundindo ainda mais os menos informados sobre o tema. Afinal, a dúvida surge: uma empresa certificada por esta norma é mais socialmente responsável que outra que não possui certificação? Recorde que as demais organizações serão impelidas a buscar essa certificação também.

- Uma preocupação constante em relação à ISO 26000 diz respeito a vantagens competitivas das organizações que conseguem a certificação, afinal, a melhoria da imagem, a diferenciação positiva diante dos concorrentes é uma meta a ser buscada por qualquer organização que pretende manter-se no mercado.

- Existe um temor generalizado que reflete um pouco do senso comum da realidade em que estamos inseridos. Nem todas as organizações são honestas, transparentes, responsáveis, sustentáveis, organizadas e dignas de confiança.

- Aguardamos ansiosos a conclusão dos debates e a disponibilização das diretrizes dos parâmetros dessa normatização que auxiliará em muito na divulgação de boas práticas realizadas por organizações, servindo como exemplo para que surjam muitas outras organizações baseadas nas informações divulgadas, buscando contribuir para melhoria contínua desse processo tão relevante nos dias atuais.

É necessário levar em consideração que o diálogo com os *stakeholders* deve fazer parte das ações de responsabilidade social corporativa, auxiliando no direcionamento de processos de gestão socialmente responsável, contribuindo para a ampliação de atitudes éticas, a melhoria da defesa ambiental e a consciência a respeito da responsabilidade social.

6

Investimentos em responsabilidade e índices de sustentabilidade organizacional

Neste capítulo, abordaremos a preocupação dos investidores relacionada à sustentabilidade organizacional, que vai muito além da lucratividade, mas que está centrada em outros fatores, como é o caso do desenvolvimento sustentável, a maneira como as empresas conduzem seus negócios.

Procuraremos demonstrar os principais índices de sustentabilidade existentes, a forma como as empresas são selecionadas para participarem dessa gama de investimento e quais os critérios de inclusão e exclusão existentes. Observaremos como o princípio do Equador influencia a maneira como os principais bancos brasileiros liberam empréstimos a seus clientes. Apontaremos a maneira como o valor da marca das empresas melhora após a apresentação de ações na área do desenvolvimento sustentável.

Demonstraremos como são feitos os investimentos em ações por parte de investidores que primam por empresas que têm o desenvolvimento sustentável como forma de gestão, a influência dos índices de sustentabilidade, os princípios do Equador e a imagem de marca das empresas, que veremos com mais detalhes posteriormente.

6.1
Investimentos com responsabilidade

Existe uma série de empresas que promovem seus negócios de forma sustentável, ou seja, que levam em consideração critérios sociais e ambientais na condução da gestão organizacional. Essa busca pela sustentabilidade reflete o ambiente consolidado no meio empresarial após a divulgação do Relatório Brundtland, de 1987, o qual fazia um desafio às empresas: continuar produzindo, lucrando e, paralelamente, cumprindo suas responsabilidades sociais e ambientais além da cobrança de ONGs que cobravam uma maior transparência nos métodos de produção e um domínio adequado das formas de planejar, gerir, controlar e avaliar das empresas. Em alguns casos, essas organizações exigiam fechamento de algumas empresas cuja atividade fim era tão poluidora que os benefícios não compensavam.

Quando essas empresas conseguiram cumprir os requisitos a que se comprometeram voluntariamente ou os quais foram obrigadas legalmente ou moralmente a acatar, como é o caso exposto nos indicadores citados anteriormente, puderam então divulgar (às vezes até com estardalhaço) que já estavam aptas a receberem investimentos ou que os já investidores estão colaborando com uma empresa que agia de forma ecologicamente correta e socialmente responsável.

O que ocorre é que existe um perfil bem específico de uma série de investidores de bolsas de valores (pessoas, empresas, associações, etc.) que buscam fazer seus investimentos em ações de organizações que possuam ou promovam de alguma forma o desenvolvimento sustentável em seus negócios e que sejam rentáveis, os chamados *Investimentos Socialmente Responsáveis* (SRI).

Como esses fatores de acompanhamento estavam um pouco dispersos, foram criados alguns índices de sustentabilidade em bolsas de valores, da como é o caso do Dow Jones Sustainability Index (DJSI – Índice de Sustentabilidade Dow Jones da Bolsa de Valores de Nova Iorque) a FTSE 4Good, da Bolsa de Valores de Londres, juntamente com o Financial Times e no Brasil do ISE – Índice de Sustentabilidade Empresarial da BM&F Bovespa.

Esses indicadores servem de parâmetro para profissionais interessados em investir somente em organizações que possuam um compromisso com o desenvolvimento sustentável e cuja chancela tenha sido fornecida por uma instituição com credibilidade, como é o caso das bolsas de valores.

Índice de Sustentabilidade do Dow Jones da Bolsa de Valores de Nova Iorque (DJSI)

A Bolsa de Valores de Nova Iorque foi a primeira a instituir um índice de sustentabilidade em seus produtos, incluindo ações de 318 empresas de 24 países (em 2005). A seleção é feita com base em critérios ambientais, sociais e econômicos e indicadores de governança corporativa. O DJSI seleciona empresas com melhor rendimento em cada um dos setores econômicos, exceto companhias do setor de defesa que atuem na venda de armas.

Índice de Sustentabilidade Empresarial da Bolsa de São Paulo (ISE)

A Bolsa de Valores de São Paulo (BM&F Bovespa) é aliada a várias entidades, como a Associação Brasileira das Entidades Fechadas de Previdência Complementar (Abrapp), a Associação dos Analistas e Profissionais de Investimento do Mercado de Capitais (Apimec), a Associação Nacional dos Bancos de Investimento (Anbid), o Instituto Brasileiro de Governança Corporativa (IBGC), o Instituto Ethos de Empresas e Responsabilidade Social, o International Finance Corporation (IFC), Programa das Nações Unidas para o Meio Ambiente (PNUMA) e o Ministério do Meio Ambiente. Essas instituições criaram conjuntamente em 2005 o Índice de Sustentabilidade Empresarial (ISE) da Bolsa de São Paulo. Seu objetivo consiste em gestionar tecnicamente a criação de uma carteira de ações de empresas que reflitam um alto grau de comprometimento com a responsabilidade social empresarial.

Os participantes são selecionados depois de responderem ao questionário que o Centro de Estudos em Sustentabilidade (GVCes) da Escola de Administração de Empresas de São Paulo da Fundação Getulio Vargas (FVG-EAESP) envia a companhias que emitem as ações mais líquidas da Bovespa.

No *site* da Bovespa[1], encontramos o modelo do questionário que é aplicado à empresa que deseja vincular-se ao ISE. Nesse portal também se encontram os critérios de inclusão e exclusão de ações deste índice.

Não existe um consenso entre os pesquisadores sobre se uma empresa social e ambientalmente responsável é mais lucrativa. O que podemos afirmar é que, quando uma empresa assume o ônus de controlar os meios de produção de forma mais eficiente e as respostas aos *stakeholders,* ela certamente terá parâmetros de acompanhamento, tornando seu negócio mais compreensível e de fácil verificação.

Como afirma Oliveira (2008, p. 11): "há uma opinião de que as companhias que têm práticas mais sustentáveis podem dar maiores retornos financeiros. O investimento sustentável pode ser um bom negócio, comparado com o investimento tradicional".

Esse argumento é reforçado pelo fato de que geralmente empresas que assumem um compromisso com o desenvolvimento sustentável cumprem com as normas ambientais, legais e trabalhistas, iniciativa que resulta em uma sensível diminuição das multas aplicadas por órgãos ambientais e trabalhistas, das reclamações referentes a essa área e da rotatividade de colaboradores. Essas empresas implementam programas de treinamento e de educação continuada aos seus colaboradores, o que acarreta em maior produção e, consequentemente, maior lucro.

As ameaças sustentáveis proporcionam um ambiente de trabalho com mais qualidade, higiene e segurança, o que evita acidentes

---

1 Disponível em: <http://www.bmfbovespa.com.br>. Acesso em: 4 maio 2011.

de trabalho, doenças ocupacionais e absenteísmo de colaboradores, aumentando o comprometimento destes com a atividade-fim da organização e a produção com economia de materiais.

Essas organizações mantêm um canal aberto de comunicação com a comunidade em que estão inseridas, prestando informações confiáveis às partes interessadas em seu desempenho operacional, financeiro e econômico, criando um sentimento de participação dessas comunidades em relação às metas da empresas, além de divulgação que a sociedade faz das benesses auferidas.

Essas corporações controlam seus processos produtivos exigindo que seus fornecedores e empresas terceirizadas certifiquem-se todas as matérias-primas adquiridas e do cumprimento da legislação vigente. Monitoram a qualidade dos serviços fornecidos e aconselham sobre a formação de competências na área de gestão ambiental e de responsabilidade social.

As empresas sustentáveis controlam, recuperam ou reciclam as emissões de água e gases geradas por sua atividade fim e têm uma preocupação com os procedimentos de transporte, logística, manipulação e estocagem de produtos e materiais perigosos, buscam fontes alternativas de energia, dispõem de locais adequados aos resíduos sólidos e ao lixo produzido, exigindo uma reciclagem correta destes, desenvolvem embalagens com menos materiais poluentes e mais materiais reciclados, que evitam danos a saúde e ao meio ambiente.

Essas organizações geralmente possuem projetos de inserção da comunidade a que pertencem relacionados a alguma destas áreas: meio ambiente, voluntariado, saúde, cultura, educação, apoio à criança e ao adolescente, entre outros, que refletem sua capacidade de assumir compromissos com a sociedade e de cumpri-los.

Possuem certificações independentes que atestam a confiabilidade dos processos, serviços e produtos oferecidos ao consumidor e possuem um controle dos dados relativos à produção, facilmente verificáveis. Enfim, essas empresas são exemplos a serem seguidos e geralmente são referências em seus segmentos, além de possuírem comportamento ético responsável e combaterem a corrupção. Essas organizações possuem geralmente uma imagem ambiental favorável publicamente, mesmo que sua atividade fim seja danosa ao meio ambiente.

Esse é o índice ISE. Comparado ao Índice Bovespa, ele reflete o retorno financeiro para os investidores em ações das empresas nos quais, pelo menos no caso brasileiro, é mais lucrativo investir, pois elas apresentam inúmeras vantagens competitivas em relação às demais organizações, quando podemos afirmar a máxima "Fazendo o bem e se dando bem".

6.2
Princípios do Equador

Em 2003, o Banco Mundial, através do seu braço de fomento a bancos – o International Finance Corporation (IFC) –, instituiu os Princípios do Equador – que fomentam empresas financeiras do mundo todo que aderem a essa carta a sugerir algumas maneiras de analisar projetos a serem financiados com critérios socioambientais.

Esses critérios classificam os projetos por categorias de possíveis impactos a serem gerados e inclusive podem negar o empréstimo para projetos que não contemplem um plano de gestão ambiental que contenha formas de controlar, monitorar e gerenciar os riscos do projeto além de prevenir acidentes de percursos e diminuir o risco de inadimplência. O Brasil é o único país emergente que possui instituições financeiras que aderiram ao acordo. São signatários no Brasil o Banco do Brasil, o Bradesco e o Itaú.

6.3
A imagem de marca das empresas

Se fazer o bem é importante para as empresas e para os seus *stakeholders*, importante também é a imagem que esses interessados têm sobre a empresa. Afinal, qual a imagem que a empresa possui? É o condizente com o esperado pela direção da organização? É a imagem idealizada de empresa competente, socialmente responsável, ambientalmente correta e lucrativa? Como divulgar as ações sociais e ambientais que a empresa realiza sem cair na armadilha do *marketing* de realizar ações pontuais somente após acontecimentos que denigrem a imagem da empresa? O que podemos fazer para manter uma boa imagem?

Empresas interessadas em diminuir o analfabetismo, salvar animais da extinção, treinar jovens para o mercado de trabalho, combater a poluição ou reflorestar áreas desmatadas existem "aos montes", é o chamado *marketing do bem*. No entanto, instituições que trabalham com combate às drogas, à aids, à prostituição, à lavagem de dinheiro, à corrupção, entre outras empresas podem até auxiliar, porém não querem ter sua imagem associada a esses temas.

Qual a responsabilidade que as empresas possuem para com esse tipo de atividade? Afinal, é possível resolver todos os problemas que afligem a humanidade? Como mitigar a desgraça alheia e contribuir para que as organizações continuem sendo lucrativas? Por que a empresa deve se preocupar com assuntos que não dizem respeito à sua atividade fim e para os quais existe uma série de programas sociais governamentais?

As atividades-fim das empresas precisam estar atadas ao conceito de desenvolvimento sustentável, pois a competitividade observada nos dias atuais faz com que empresas que não consigam de forma adequada produzir seus produtos ou oferecer seus serviços estejam fadadas a fechar.

Nos contextos globalizados em que estamos, ou a empresa se atualiza e cumpre com todas as exigências legais existentes, atende aos seu *stakeholders* e é lucrativa, ou está completamente fora do mercado.

Indicações culturais

Vídeos

A História das coisas. Direção: Louis Fox. Produção: Free Range Studio. EUA, 2006. 20 min. Disponível em <http://sununga.com.br/HDC/index.php>. Acesso em: 30 maio 2011.

Documentário extremamente impactante, em 20 minutos indica claramente como estamos destruindo o planeta, mostrando de forma clara e compreensível nosso modelo de exploração da natureza passo a passo.

Criança: a alma do negócio. Direção Estela Renner. Produção: Marcos Nisti. Brasil, 2008. 49 min. Disponível em: <http://www.alana.org.br/criancaconsumo/biblioteca.aspx?v=8&pid=40>. Acesso em: 30 maio 2011.

Documentário que apresenta o poder de influência do *marketing* em relação às nossas crianças e o poder exercido por elas nas indicações de compras realizadas pelas famílias.

Esse vídeo promove uma extensa reflexão sobre nossa sociedade de consumo e o papel que as mídias de massa exercem sobre a forma de pensar e consumir de crianças e adolescentes brasileiros.

Site

INPEV – Instituto Nacional de Processamento de Embalagens Vazias. Disponível em: <http://www.inpev.org.br>. Acesso em: 19 abr. 2011.

Verifique as estratégias utilizadas por essa instituição na solução de problemas ambientais causados pelo uso inadequado das embalagens de produtos químicos poluentes.

Bibliografia comentada

BARBIERI, J. C. **Gestão ambiental empresarial**: conceitos, modelos e instrumentos. São Paulo: Saraiva, 2007.

É um dos livros-referência sobre o tema de gestão ambiental nas empresas. Traz muitos exemplos de casos brasileiros. É de leitura fácil e compreensível para leigos no tema.

OLIVEIRA, J. A. P. de. **Empresas na sociedade**: sustentabilidade e responsabilidade social. Rio de Janeiro: Elsevier, 2008.

Essa obra indica de forma clara e sem meios-termos as formas como as empresas devem atuar na sociedade para cumprir seu papel de responsabilidade social.

SACHS, I. **Caminhos para o desenvolvimento sustentável**. Rio de Janeiro: Garamond, 2002.

Ignacy Sachs é um dos mais profícuos pesquisadores do tema. Não há como estudar o desenvolvimento sustentável sem conhecer a obra desse autor. Esse livro traz pequenos artigos que em muito elucidam o tema da sustentabilidade.

Síntese

Após ler esta obra, você deve ter percebido que a evolução da administração se deu em conformidade com as inovações tecnológicas, legais, políticas e ambientais. Por isso, as organizações devem continuar buscando a evolução, de forma que consigam monitorar o ambiente em que estão inseridas.

A questão ambiental é um dos assuntos mais discutidos em nossa sociedade neste início de século XXI. Em virtude disso, os gestores das organizações públicas, privadas e do terceiro setor devem reconhecer o papel desse tema nesse processo de ampla inovação.

É fundamental verificar que o planejamento e a gestão das organizações sempre estão baseados em estratégias. Pensando nisso, demonstramos o desenvolvimento sustentável como uma estratégia competitiva para as organizações.

Tendo como base os valores humanos e éticos, os gestores das organizações deverão utilizar a temática ambiental em seus processos de gerenciamento, para que as organizações consigam contribuir para a sustentabilidade do planeta, mantendo-se lucrativas e sustentáveis economicamente.

Referências

ALMEIDA, F. **O bom negócio da sustentabilidade**. Rio de Janeiro: Nova Fronteira, 2002.

ANSOFF, H. I.; MCDONNELL, E. J. **Implantando a administração estratégica**. 2 ed. São Paulo: Atlas, 1993.

BARBIERI, J. C. **Gestão ambiental empresarial**: conceitos, modelos e instrumentos. São Paulo: Saraiva, 2007.

BRASIL. Lei n. 6.938, de 31 de agosto de 1981. **Diário Oficial da União**, Poder Legislativo, Brasília, DF, 2 set. 1981. Disponível em: <http://www.planalto.gov.br/ccivil/Leis/L6938.htm>. Acesso em: 23. mar. 2011.

CARSON, R. **Primavera silenciosa**. São Paulo: Editora Gaia. 1. ed. 2010.

CASTELLANO, E. G.; CHAUDHRY, F. H. **Desenvolvimento sustentado**: problemas e estratégias. EESC-USP. São Carlos. Projeto REENCHE, 2000.

CEBDS – Conselho Empresarial Brasileiro para o Desenvolvimento Sustentável. Disponível em: <http://www.cebds.org.br/cebds/>. Acesso em: 23. mar. 2011.

D'AMATO, C.; TORRES, J. P. M.; MALM, O. DDT (diclorodifeniltricloroetano): toxicidade e contaminação ambiental – uma revisão. **Química Nova**, São Paulo, v. 25, n. 6, nov./dez., 2002. Disponível em: <http://www.scielo.br/scielo.php?script=sci_arttext&pid=S0100-40422002000600017>. Acesso em: 23. mar. 2011.

DIAMOND, J. **Collapse**: how societies choose to fail or succeed. New York: Viking Penguin Books, 2005.

ECONOMICS 3ll3. **Adam Smith**. Disponível em: <http://socserv.mcmaster.ca/econ/ugcm/3ll3/smith/>. Acesso em: 23. mar. 2011.

GRAYSON, D.; HODGES, A. **Compromisso social e gestão empresarial**: o que é necessário saber para transformar questões de responsabilidade social em oportunidades de negócio. São Paulo: Publifolha, 2003.

KAPLAN, R. S.; NORTON, D. P. **A estratégia em ação**: Balanced Scorecard. Rio de Janeiro: Campus, 1997.

LAGO, A.A.C. **Estocolmo, Rio, Joanesburgo**: o Brasil e as três conferências ambientais das Nações Unidas. Brasília: Instituto Rio Branco, Fundação Alexandre de Gusmão, 2007.

MEADOWS, D. et al. **Limits to growth**. Cambridge: The MIT Press, 1972.

OLIVEIRA, J. A. P. **Empresas na sociedade**: sustentabilidade e responsabilidade social. Rio de Janeiro: Elsevier, 2008.

ONU – Organização das Nações Unidas. Comissão Mundial sobre Meio Ambiente e

Desenvolvimento. **Nosso futuro comum**. Rio de Janeiro: Ed. da FGV, 1988.

PENAFIEL, F. M. M.; BELLEN, H. M. Van. **Ideologia do movimento ambientalista**: um estudo de casos múltiplos em quatro organizações não governamentais de Florianópolis – SC. In: EnANPAD, 26., 2005, **Anais...** Brasília: Anpad, 17 a 21 de set. p. 01-16.

RIO + 10. Disponível em http://www.ana.gov.br/AcoesAdministrativas/RelatorioGestao/Rio10/riomaisdez/index.php.59.html. Acesso em: 19 ab. 2011.

SACHS, I. **Caminhos para o desenvolvimento sustentável**. Rio de Janeiro: Garamond, 2002.

_____. **Ecodesenvolvimento**: crescer sem destruir. São Paulo: Vértice, 1986.

SENDER, G.; FLECK, D. L. **Folga organizacional e gestão de stakeholders**: um estudo em bancos brasileiros. In: EnANPAD, 28., 2004, Curitiba. **Anais...** Rio de Janeiro: Anpad, 2004. CD-ROM.

SEYMOUR-SMITH, M. **Os 100 livros que mais influenciaram a humanidade**: a história do pensamento dos tempos antigos à atualidade. 2. ed. Rio de Janeiro: Difel, 2002.

SILVA, C. L. da (Org.). **Desenvolvimento sustentável**: um modelo analítico integrado e adaptativo. Petrópolis: Vozes, 2006.

STROH, P. Y. (Org.). **Ignacy Sachs**: caminhos para o desenvolvimento sustentável. 4. ed. Rio de Janeiro: Garamond, 2002.

TACHIZAWA, T. **Gestão ambiental e responsabilidade social corporativa**. São Paulo: Atlas, 2006.

TACHIZAWA, T.; ANDRADE, R. O. B. de. **Gestão socioambiental**: estratégias na nova era da sustentabilidade. Rio de Janeiro: Elsevier, 2008.

UNIETHOS. Disponível em: <http://www.uniethos.org.br/>. Acesso em: 23. mar. 2011.

VIOLA, E. J.; LEIS, H. R. Desordem global da biosfera e a nova ordem internacional: o papel organizador do ecologismo. In: LEIS, H. R. (Org.). **Ecologia e política mundial**. Rio de Janeiro: Vozes, 1991.

WARD, B.; DUBOS, R. **Only one earth**: the care and maintenance of a small planet. Harmondsworth: Penguin Books, 1972.

WEBER, K.; SAVITZ, A. **A empresa sustentável**: o verdadeiro sucesso é lucro com responsabilidade social e ambiental. São Paulo: Editora Campus, 2007.

Considerações finais

Este livro teve como objetivo demonstrar a interface entre o desenvolvimento sustentável e a gestão empresarial. Como o próprio título da obra demonstrou, não iríamos abordar a sustentabilidade meramente como defensores da natureza.

Você pode perceber que, além de constatarmos a necessidade da preservação ambiental, da responsabilidade social e da geração de lucro, nós, gestores, precisamos estar conscientes de todos os impactos dos *stakeholders* ocasionados na gestão do negócio.

Assim, a obra tratou da evolução do pensamento administrativo. Pudemos conhecer, ou relembrar, as principais teorias da administração e conhecer o BSC, que é uma ferramenta moderna de planejamento e gestão que pode ser utilizada tanto em empresas privadas quanto públicas ou do terceiro setor.

Verificamos que devemos criar metas e objetivos mensuráveis, não apenas para os ativos tangíveis, mas também para aqueles intangíveis, como os mecanismos de gestão de clientes, processos internos e pessoas.

Com essa ferramenta, fica evidente a interface entre os dois temas deste livro, sendo que os indicadores ambientais e os relacionamentos com fornecedores e demais *stakeholders* são necessários para aumentar a eficácia dos investimentos e melhorar a *performance* da organização.

A sustentabilidade não deve ser vista apenas como uma exigência legal ou de mercado. Ela deve fazer parte da mentalidade dos gestores, da missão e dos valores da organização, pois assim haverá o engajamento dos participantes do processo. A empresa que conduzir sua gestão por meio desses valores poderá contribuir para mudar a mentalidade dos públicos envolvidos, buscando uma sociedade mais justa, humana, ética e preocupada com o planeta e com a sobrevivência das gerações futuras.

Embora muitas organizações ainda ignorem esse fato, são os próprios consumidores que estão apontando os caminhos que as empresas devem trilhar. São eles que indicam que, se nossas empresas não compartilham dos valores por eles apreciados, estes deixam de consumir nossos produtos e serviços.

Percebemos, assim, que a administração como ciência continua evoluindo, e nós estamos no centro dessas mudanças. A gestão organizacional fundamentada em valores sociais e práticas ambientais traz para as nossas empresas o alcance dos seus propósitos fundamentais, que são a geração de lucros, a promoção do bem-estar social por meio da contribuição dos seus impostos aos governos, a perpetuação dos valores humanos e éticos na sociedade e a contribuição para as comunidades e o meio ambiente de que a organização faz parte.

Os papéis utilizados neste livro, certificados por instituições ambientais competentes, são recicláveis, provenientes de fontes renováveis e, portanto, um meio responsável e natural de informação e conhecimento.

FSC
www.fsc.org
MISTO
Papel | Apoiando
o manejo florestal
responsável
FSC® C103535

Impressão: Reproset
Agosto/2023